Anny Hahn
TRAUGOTT HAHN
EIN MÄRTYRER DES 20. JAHRHUNDERTS

„Herr, laß uns nur dafür sorgen,
daß unsre Seele die Fühlung mit dir behält,
im Glauben und Gebet! Dann dürfen wir darauf rechnen,
daß deine Macht uns auch in den schwersten Stunden
eine unbegreifliche Ruhe und Kraft verleihen wird."
Traugott Hahn

Anny Hahn

Traugott Hahn
Ein Märtyrer des 20. Jahrhunderts

Mit einem Geleitwort von
Prof. Dr. Wilhelm Hahn

REIHE APOSTROPH
BRENDOW VERLAG
MOERS

APOSTROPH
DIE REIHE, DIE ZEICHEN SETZT.

Innerhalb dieser Reihe erscheinen Bücher
zu folgenden Themengruppen:
Romane und Erzählungen,
Biographien und Lebensbilder,
Lebensfragen,
Mission und Weltverantwortung,
Ehe und Familie.

CIP-Titelaufnahme der Deutschen Bibliothek

Hahn, Anny:
Traugott Hahn – ein Märtyrer des 20. Jahrhunderts / Anny Hahn.
Mit e. Geleitw. von Wilhelm Hahn. – Moers : Brendow, 1988
(Reihe Apostroph)
ISBN 3–87067–336–2

ISBN 3–87067–336–2
Bestell-Nr. 78007
© Copyright 1988 by Brendow Verlag, D-4130 Moers 1
Gestaltung: A. Müllenborn, Kommunikations-Design, Wuppertal
Printed in Germany   24393/1988

INHALT

Geleitwort	7
Kindheit und Jugend	9
Verlobung und Amtsantritt	13
Das Revolutionsjahr 1905 und die ersten baltischen Märtyrer	25
Aus der Arbeit	35
1. Traugott Hahn als Prediger	35
2. Traugott Hahn als Seelsorger	39
3. Der Konfirmandenunterricht	42
4. Einblicke in die wissenschaftliche Arbeit	46
Ehe und Familienleben	51
Die ersten Kriegsjahre	59
Auswirkungen des Krieges auf Beruf und persönliches Leben	69
Flucht und Rettung	73
Die Befreiung Dorpats durch die deutschen Truppen	80
Der letzte schöne Sommer	83
Eröffnung und Zusammenbruch der deutschen Universität Dorpat	87
Gehen oder bleiben? Die Entscheidung	91
Weihnachten unter bolschewistischer Herrschaft	99
Das Verbot der Gottesdienste und die letzten Tage zu Hause	105
Die Verhaftung	111
Im Gefängnis	119
Heimgerufen zu seinem Gott	135
Ausklang	140

GELEITWORT

Das Wort Jesu: „Wenn das Weizenkorn nicht in die Erde fällt und erstirbt, bleibt es allein; wenn es aber erstirbt, bringt es viel Frucht", das er allen, die ihm dienen wollen, zuruft, hat sich im Leben und Sterben von Traugott Hahn in überzeugender Weise erfüllt. In den zwanziger Jahren unseres Jahrhunderts wurde Hahns Name in der Christenheit weit über Deutschland hinaus bekannt. Sein Leiden und Sterben wurden zum Symbol für einen neuen Abschnitt der Geschichte der Kirche. Nach Jahrhunderten selbstverständlicher Anerkennung in Staat und Gesellschaft zeichnete sich ab, daß der Glaube an Christus in Zukunft nicht nur den Einsatz des ganzen Lebens, sondern auch das Martyrium erfordern könnte. Prof. Traugott Hahn war keineswegs der einzige, der damals als Christ sein Leben verlor. Hunderte von Pastoren, Priestern und Gemeindegliedern wurden in jenen Jahren der Revolution umgebracht. Aber das „Lebensbild aus der Leidenszeit der baltischen Kirche", dessen letzte Kapitel seine Frau Anny Hahn, meine Mutter, unmittelbar nach dem Tode ihres Mannes in tiefem Schmerz und wacher Erinnerung niederschrieb, ließ in die inneren Kämpfe und Nöte hineinschauen, die zu dem Entschluß führten, statt zu fliehen, bei der Gemeinde zu bleiben und das Martyrium zu wagen.

Zwei Beispiele mögen verdeutlichen, wie das Leben und Sterben Traugott Hahns weiterwirkten: Der junge Student Quiring aus Südrußland studierte in den Jahren 1916 und 1917 in Dorpat Theologie. Wie seine Familie bezeugt, waren Persönlichkeit und Zeugnis seines Lehrers Hahn für Quiring prägend, so daß er nach seiner Rückkehr nach Südrußland und nach der Geburt seines Sohnes diesem den Namen Traugott gab. Quiring war als Pfarrer der größten Verfolgungen ausgesetzten Gemeinden, die unzählige Blutopfer bringen mußten, ein unermüdlicher Zeuge des Evangeliums. Nach vielen Verhaftungen und Verschleppungen ist er in einem solchen Gulag verschwunden.

Ein weiteres Beispiel betrifft einen heute noch in Deutschland weitbekannten Mann, nämlich Reinhold von Thadden-Triglaff. Er war einer der bedeutendsten Laienvertreter der Bekennenden Kirche und der Gründer des Evangelischen Kirchentages. 1918 kam er als junger Offizier bei der Okkupation des Baltikums nach Dorpat und schloß sich unter dem Eindruck von Hahns Predigten diesem aufs engste an. Er erlebte auch die schweren Stunden in Hahns Leben mit, in denen er entscheiden mußte, ob er fliehen oder bleiben sollte. Thadden hat stets bekannt, daß seine Begegnung mit Hahn sein Leben und Wirken nachhaltig beeinflußt hat. Ich selbst habe bei der berühmten Barmer Synode 1934 als junger Vikar von der Tribüne aus gehört, wie Thadden die Synodalen aufrief, ebenso standhaft wie mein Vater im Zeugnis zu bleiben und selbst das Martyrium nicht zu scheuen.

Fast 70 Jahre nach dem Tode von Traugott Hahn spricht dieses Buch, trotz seiner zeitgebundenen Sprache, immer noch eindringlich zu dem Leser. Meine Schwester und ich geben es gekürzt und bearbeitet heraus, damit es der heutigen Generation auf dem Weg des Glaubens durch unsere Zeit Wegweisung und Hilfe ist.

Prof. Dr. Wilhelm Hahn

KINDHEIT UND JUGEND

Beim Überschauen eines Menschenlebens, das seine Vollendung gefunden hat, und nun mit seinen Kämpfen, Erfolgen und Leiden abgeschlossen vor uns liegt, wird man stets sagen: Wo lagen die Wurzeln seines Seins? Auf welchem Boden ist es gewachsen? Auch für die Entwicklung und das Werden von Traugott Hahn sind Elternhaus und Kindheit von grundlegender Bedeutung gewesen. Da ich in diesem Buche in der Hauptsache nur Selbsterlebtes bringe, will ich hier nur in großen Strichen die Umrisse und wichtigsten Linien seiner Entwicklung andeuten.

Traugott Hahn ist in einem evangelischen Pfarrhaus inmitten einer großen Geschwisterschar aufgewachsen. Der Einfluß seiner Eltern gab seinem Leben die Richtung. Ein Christentum, nicht nur des Wortes, sondern der Tat, durfte er von klein auf vor Augen sehen. Der Vater stand wie ein Felsen im Strome der verschiedenen Geistesströmungen auf dem Grunde des für ihn unantastbaren Bibelwortes. An ihm lernte der kleine Traugott, der mit tiefer Liebe an seinem Vater hing, die Kraft des Christentums, aber auch die Herrlichkeit des Pastorenberufes kennen. Sah er doch, mit welcher Freude und selbstlosen Hingabe er sich in den Dienst seiner Mitmenschen stellte und wie groß sein Einfluß auf ungezählte Menschenseelen war, denen er ein Führer zu Gott wurde.

Die Mutter, eine durch Jahre hindurch schwer leidende Dulderin, erzog ihre große Kinderschar zur Bescheidenheit, Selbstzucht und Pflichterfüllung. Sie verlangte viel von ihnen, aber sie lebte ihnen ein Leben der Selbstüberwindung und Liebe vor, wie man es selten findet und wie es nur kraft ihres Glaubens möglich war. Obgleich sie später durch die Gicht ganz an den Rollstuhl gefesselt war, leitete sie dennoch von dort aus mit großer Umsicht und Energie ihren Hausstand, der trotz der eigenen großen Familie stets vielen fremden Kindern eine Heimstadt bot. Sie war es auch, die als erste die Liebe zu Gott in das Herz des jungen Knaben pflanzte und ihm den ersten Unterricht erteilte. Als

Traugott zwölf Jahre alt war, wurde sein Vater, der bis dahin Pastor auf dem Lande in Rauge in Livland gewesen war, an die St. Olai-Gemeinde in Reval gerufen.

Das christliche und kirchliche Leben Revals stand noch unter der Nachwirkung des großen Erweckungspredigers Huhn und blieb mit seiner ausgeprägten Eigenart nicht ohne Einfluß auf das empfängliche Gemüt von Traugott, der von klein an für alle religiösen Einwirkungen besonders aufgeschlossen war. In der kirchlich sehr regen Olai-Gemeinde wurde das Olai-Pastorat bald ein Mittelpunkt. Was strömte dort nicht alles zusammen, und welche Not wurde dort nicht mit aufs Herz genommen! Nicht nur Fragen der Kirche, auch solche der Erziehung, der Schule und des Kampfes um die deutsche Muttersprache fanden hier tatkräftig Vertretung.

Es war damals die für das Baltenland so drückend schwere Zeit der gewaltsamen Russifizierung, und sie brachte es mit sich, daß Traugott schon in der Schule erleben mußte, daß das Eintreten für eine Überzeugung Konflikte mit sich bringt und persönliche Opfer verlangt. Als der russische Direktor die evangelischen Schüler zur Teilnahme an einem griechisch-katholischen Gottesdienst zwingen wollte, da widerstanden beide Brüder Hahn, an der Spitze ihrer evangelischen Kameraden, diesem Ansinnen in bescheidener, aber fester Weise. Die Folgen waren so offenkundige Ungerechtigkeiten und Zurücksetzungen in der Schule, daß der Vater sich veranlaßt sah, seine beiden Söhne aus dem Gymnasium in Reval zu nehmen und sie auf die noch deutsche, in bestem Ruf stehende St.-Petri-Schule in Petersburg zu geben. Dort bestanden beide Brüder ihr Abitur mit der goldenen Medaille.

Das Leben in der großen russischen Hauptstadt an der Newa brachte den beiden Jungen eine Fülle neuer Eindrücke und erweiterte ihren Gesichtskreis. In erster Linie aber stand für Traugott auch hier die Kirche. Besonders zogen ihn die eigenartigen und fesselnden Predigten des Generalsuperintendenten Pingoud an. Nach 26 Jahren war er noch imstande, einzelne dieser Predigten, die er als Schüler gehört hatte, wiederzugeben.

In jene Zeit fiel ein Erlebnis innerlicher Art, das er später als einen entscheidenden Wendepunkt in seinem Leben bezeichnet hat.

Es handelte sich um Fragen der Wahrhaftigkeit. Traugott, dem trotz seiner Begabung jeder neue Anfang schwerfiel, war in Abhängigkeit der glänzenden Leistungen seines Bruders Willy geraten, so daß er als ein besserer Schüler dastand, als er in Wirklichkeit war. Es wollte Traugott nicht gelingen, aus dieser unehrlichen Abhängigkeit freizukommen, die ihn als schwere Schuld drückte. Durch den Einfluß seines Vaters, durch Predigten, die er hörte, und zuletzt durch ein offenes Geständnis kam er endlich zum Bruch mit der Sünde, zum Erfahren der Sündenvergebung, des Angenommenseins bei Gott.

Von dieser Stunde an wurde, wie er nach Jahren zu einem Freunde gesagt hat, der Glaube an Gott, den er bisher als eine innere Nötigung unabhängig von seinem Wollen empfunden hatte, zu dem größten Glück seines Lebens. „Von da an bin ich erst für Zweifel offen gewesen", sagte er, „denn es war jetzt ein großes Gut, das mir angefochten wurde, und um dessen Besitz gebe ich nun alles hin."

Beide Brüder Hahn studierten gemeinsam Theologie in Dorpat. Da wurde Willy vom Typhus befallen, und in wenigen Tagen riß der Tod den blühenden, hoffnungsvollen, reichbegabten Jüngling aus dem Kreise seiner tieftrauernden Eltern und Geschwister.

Für Traugotts empfindsames und tiefes Gemüt bedeutete der Verlust dieses Bruders, mit dem er in enger Liebe und Gemeinschaft verbunden gewesen war und mit dem er von frühester Kindheit an alles geteilt hatte, einen Schlag, unter dem er fast zusammenbrach und der seine Gesundheit zeitweilig stark erschütterte. Scharf und schneidend war der Schmerz in sein Leben getreten und schmiedete an seiner Seele. Aus den Aufzeichnungen, die er bald nach Willys Tod zur Erinnerung an den geliebten Bruder und die gemeinsame Kindheit niederschrieb, spricht eine Reife und Tiefe des Gotteslebens, die ihn weit über seine Jahre hinauszuheben scheint.

Nach beendetem Studium in Dorpat ging er nach Göttingen zur Fortsetzung seiner wissenschaftlichen Ausbildung. Hier schrieb er seine erste Schrift: „Tyconius Studien, ein Beitrag zur Kirchengeschichte des dritten Jahrhunderts". Ein Augenleiden seines Vaters zwang ihn, früher als beabsichtigt seine Studien in Göttingen abzubrechen, um dem Erkrankten in der Heimat als Hilfsprediger zu helfen.

In diese Zeit fällt meine erste Bekanntschaft mit ihm, und ich gehe nun zu dem persönlich Erlebten über.

VERLOBUNG UND AMTSANTRITT

Bevor ich von der 15 Jahre dauernden gemeinsamen Zeit erzähle, die ich mit meinem Mann zusammen verbrachte, muß ich kurz der Umstände gedenken, die uns zusammenführten.

Wir Christen glauben ja an keinen Zufall, sondern wissen, daß es Gott ist, der unser Leben bis ins kleinste hinein leitet. Da ist es wunderbar zu sehen, auf welche Weise Gott zwei Menschen, die er füreinander bestimmt hat, aus ganz verschiedenen Verhältnissen heraus zusammenbringt und miteinander verbindet.

Unsere Elternhäuser haben nicht miteinander verkehrt, waren sich aber von weitem wohl bekannt, denn wer kannte in Reval nicht Pastor Hahn! Mein Vater wiederum hatte viele Kontakte zu Pastorenkreisen, da er seine Kräfte oft in den Dienst der Kirche stellte, obgleich er als Präsident (Direktor) der estländischen Adelsbank schon mit Arbeit überhäuft war.

Meine Eltern gehörten nicht zur Hahnschen Gemeinde, fehlten aber nie im Sonntagsgottesdienst der Olaikirche. Sie waren beide echte Christen. Ich kann von ihnen nicht sprechen, ohne mit tiefem Dank dessen zu gedenken, daß sie durch ihr Vorbild und durch ihren Wandel uns Kindern ohne viel Worte und ohne irgendein Drängen Gott doch zum Mittelpunkt und zur Hauptsache im Leben werden ließen. Ich kann mich nicht erinnern, daß sie uns je ermahnt hätten zur Kirche zu gehen, aber es war uns von klein auf innerstes Bedürfnis und eine Entbehrung, wenn wir nicht hinkonnten.

Ins Hahnsche Haus aber kam ich erst durch einen ganz besonderen Vorfall.

In den Sommermonaten bewohnten Hahns ein Häuschen am estländischen Strand, „Waldfried" genannt. An derselben Meeresbucht, aber an der gegenüberliegenden Küste, hatten meine Eltern ihre Sommervilla auf dem Gute Leetz.

An einem schönen Sommernachmittag befand sich Pastor Hahn sen. mit zwei Söhnen, Hans und Hugo und seiner Tochter Emmy auf einer Segelpartie, als sich plötzlich der Himmel mit drohenden Wolken bedeckte und ein Gewittersturm losbrach. Das kleine Boot geriet in große Gefahr, der Mast brach, das Segel schleppte im Wasser. Das Boot aber wurde an die Küste von Leetz getrieben, und den Insassen gelang es, sich ans Land zu retten. Gerade um dieselbe Zeit saß ich mit einem Buch auf unserer Veranda, als ich plötzlich ein Mädchen in von Nässe triefenden Kleidern auf unser Haus zukommen sah und darin die junge Emmy Hahn erkannte, die ich hier und da getroffen hatte. Bald darauf folgten auch ihr Vater und ihre Brüder, alle völlig durchnäßt und durchfroren. Unsere erste Sorge war natürlich, sie trocken einzukleiden, und in aller Eile wurde zusammengesucht, was ihnen nur irgend passen konnte. Dann ließen meine Eltern ihre Pferde anspannen und schickten die Schiffbrüchigen, die sich inzwischen an warmem Kaffee gestärkt hatten, zu Lande nach dem etwa 12 Kilometer entfernten „Waldfried" zurück. Dort hatten unterdessen die übrigen Hahnschen Familienmitglieder in größter Sorge auf dem Meere Ausschau gehalten. Nach dem plötzlichen Gewittersturm war kein Segelboot mehr zu entdecken. Meine Schwiegermutter hat mir später oft erzählt, daß sie nie den Augenblick vergessen werde, wie sie mitten in ihrer Angst, in der wohl heiße Gebete zum Himmel emporstiegen, von ihrem Rollstuhl aus das ihr bekannte Gespann des Landrats von zur Mühlen um die Ecke des Waldweges biegen sah und darin ihre vermißten Lieben erblickte. Ihren Dank und ihre Freude kann man sich vorstellen.

Einige Tage darauf fuhr meine Mutter mit mir zu Hahns, um sich zu erkundigen, wie ihnen das kalte Bad bekommen sei. Damals machte die kranke Frau in ihrer unmittelbaren herzlichen Art schon einen großen Eindruck auf mich. Sie war von gewinnender Freundlichkeit und hatte dabei eine offene, rückhaltlose Art, ihre Meinung zu sagen. Nicht nur die übermäßige Geduld, mit der sie ihr schweres Leiden trug, war ein leuchtendes Vorbild für viele, sondern auch vor allem die Liebe, die sie ausstrahlte und die sie ganz besonders herzlich denen entgegenbrachte, die von andern als lästig, unbequem oder wenig sympathisch empfunden wurden. Sie ging auf jeden einzelnen ganz persönlich ein, so daß jeder glauben konnte, ihr Liebling zu sein und ihr durch seinen Besuch eine besondere Freude zu machen. Man vergaß fast, daß sie dabei von Schmerzen schwer gequält war. Mich forderte sie damals herzlich auf, sie auch in Reval zu besuchen, und ich nahm das dankbar an, fühlte ich mich doch schon lange hingezogen zu meiner Altersgenossin Emmy Hahn.

Als wir im Herbst nach Reval zurückgekehrt waren, machte ich mich eines Nachmittags zu Hahns auf, und nun lernte ich zum erstenmal auch den ältesten Sohn Traugott kennen, der damals Hilfsprediger bei seinem Vater war. Er saß am Rollstuhl seiner Mutter in dem schon dämmrigen Wohnzimmer. Wir gerieten bald in ein tiefergehendes Gespräch, und als ich fortging, nahm ich einen starken und anziehenden Eindruck mit von diesem jungen Theologen, dessen Äußeres ich, bis auf sein lichtblondes Haar, wegen der Dunkelheit kaum hatte erkennen können. Er aber erzählte mir später, daß er nachher einige Tage wie im Traum umhergegangen sei, mit dem Gedanken: „Wenn doch dieses Mädchen einmal mein Eigen werden könnte ..."

Fürs erste aber sahen wir uns lange nicht mehr. Wir lebten in zwei verschiedenen Welten. Traugott Hahn bedeutete sein Beruf alles. Das erste heilige Feuer brannte in ihm, sein Pastorenamt füllte ihn ganz aus.

Meine Eltern aber waren schon durch ihre Stellung ein Mittelpunkt der Gesellschaft Revals. Sie kamen mit vielen Menschen zusammen, und ich war mitten drin, ein junger, fröhlicher Mensch. Aber es befriedigte mich innerlich nicht, und ich suchte tieferen Anschluß. Daher trat ich als Helferin in den von Propst Winkler geleiteten Kindergottesdienst der Domkirche ein und arbeitete auch sonntags im Jungfrauen-Verein mit. Beides brachte mir reichen inneren Gewinn.

In jener Zeit hielt Traugott Hahn fortlaufende Bibelstunden in der Olaikirche über den Propheten Hosea. Es ging schon damals eine besondere Kraft von seinen Predigten aus, und die Kirche war stets bis auf den letzten Platz besetzt. Auch mich packte der tiefe Ernst, mit dem er das Wort Gottes auslegte und es mitten ins tägliche Leben stellte. Noch eben ist mir ein Wort in Erinnerung, das mir seither ins Gewissen geschrieben blieb: „Suche, wenn du in einer Gesellschaft bist, ganz wahr und ganz liebevoll zu sein."

Manchmal lud Emmy Hahn mich zum Abend ein. Ihr Bruder Traugott war dann auch zugegen, und wir tauschten jedesmal viel Schönes und Wertvolles miteinander aus. Es war eigentümlich, daß ein Gespräch mit ihm nie an der Oberfläche haften blieb. Schon nach wenigen Minuten hatte er den Menschen, mit dem er sprach, in seine geistige Welt mit hineingezogen, in der er lebte. Auch solche, die dem Christentum noch fern standen, fühlten sich von der Echtheit seines Glaubens angezogen und standen ihm mit Hochachtung gegenüber. Anders freilich die Atheisten. Nach einem Vortrag über das Thema: „Ist die Auferstehung Jesu Christi von den Toten geschichtlich bewiesen?", den Traugott Hahn in der literarischen Gesellschaft*⁾ gehalten hatte, hörte ich eine Dame, die diesem Kreise angehörte, sich mit einem Haß und einer Feindseligkeit über ihn äußern, die deutlich zeigten, daß sie in ihm einen gefährlichen Gegner erblickte.

Es war eine besonders freundliche Führung, daß Traugott Hahn seine ersten Amtsjahre an der Seite seines Vaters im Elternhaus verleben durfte. Traugott Hahn sen. war bekannt als hervorragender Prediger und gewissenhafter und gesegneter Seelsorger. Für seine kranke Mutter aber bedeutete es eine tiefe Freude, daß sie an den ersten Erfahrungen im Amt ihres Ältesten teilnehmen und ihn mit ihren Gebeten stützen konnte. Immer wieder saß er am Rollstuhl seiner Mutter, legte ihr seine Predigtentwürfe vor und ließ sich von ihr beraten. Aber auch seiner wissenschaftlichen Arbeit brachte sie reges Interesse entgegen. Traugott Hahn bewegte oft die Frage, ob er sich der Wissenschaft nicht ganz zuwenden solle. Eine höhere Hand zeichnete ihm bald seinen Weg klar vor.

Im Anfang des Jahres 1902 erhielt er einen Ruf nach Dorpat, der geistigen Zentrale des Baltenlandes, und zwar an die Universitätsgemeinde an Stelle des kürzlich verstorbenen Professors der Theologie, Pastor Hörschelmann. Es lag eine große Anerkennung darin, daß der kaum 27jährige für diesen bedeutungsvollen Posten ausersehen wurde. Da der Pastor der Universitätsgemeinde zugleich Glied der theologischen Fakultät sein und einen wissenschaftlichen Grad besitzen mußte, so bedeutete dieser Ruf den Weg zur wissenschaftlichen Laufbahn in Verbindung mit dem praktischen Amt. Traugott Hahn übernahm die Dorpater Gemeinde zunächst als Hilfsprediger und reichte der theologischen Fakultät seine in Göttingen entstandene Schrift: „Tyconius Studien, ein Beitrag zur Geschichte des dritten Jahrhunderts" ein, um

---

*) Eine Vereinigung zur Förderung geistiger Anregung

seinen Lizentiaten zu machen. Doch stellten sich ihm unerwartete Schwierigkeiten in den Weg. Der tschechische Professor für Kirchengeschichte, Kwacala, der die Deutschen haßte und infolge der Russifizierungspolitik der durchweg deutschen theologischen Fakultät von der russischen Regierung aufgezwungen worden war, wurde dem jungen Theologen ein erbitterter Gegner. Er setzte alles daran, ihn nicht in die Fakultät und am wenigsten in sein eigenes Fach hineinzulassen. Aber es stand ihm ein Größerer gegenüber. Professor Alfred Seeberg, Traugott Hahns früherer Hochschullehrer, einer der bedeutendsten Professoren, die Dorpat damals hatte, nahm den Kampf mit beispielloser Energie auf. Er warf seinen ganzen Einfluß in die Waagschale, um Hahn, von dem er viel erwartete, die Wege zu ebnen. Daß er dies nicht etwa aus persönlichen Gründen tat, sondern aus der Überzeugung heraus, daß Traugott Hahn der geeignete Mann für diesen Posten sei, sprach er unmißverständlich aus: „Ich würde dir jederzeit den Hals umdrehen", sagte er zu ihm, „wenn ich zu der Ansicht gelangte, daß du nicht das für diesen Posten Notwendige leisten solltest." Herzliche Freundschaft verband später beide Männer bis an ihr Lebensende. Traugott Hahn hat es seinem älteren Freunde nie vergessen, was er für ihn getan hatte, ja, er bezeichnete noch in seinem letzten Lebensjahre Alfred Seeberg als ein auserlesenes Werkzeug Gottes in seinem Leben, der ihm den Weg zu seiner geliebten Gemeinde und zum akademischen Lehramt geöffnet hätte.

Als es bekannt wurde, daß Traugott Hahn Reval verlassen werde, war mir recht schwer ums Herz. Nur sehr selten, in vielen Monaten einmal, hatte ich ihn gesehen, aber jedesmal war es ein Erlebnis gewesen, das mich bereicherte, ohne daß ich dabei an die Zukunft dachte. Nun ging er ganz fort.

Es vergingen Wochen und Monate. Überall in Reval hörte man, daß der junge Pastor Hahn auch in Dorpat sehr geschätzt werde. Ich erinnere mich, wie einmal ein sehr angesehener Herr meiner Mutter von einem Vortrag erzählte, den Traugott Hahn in Riga gehalten hatte und der großes Aufsehen erregte. Er sprach mit Wärme davon, welch große Erwartungen man diesem jungen Theologen entgegenbringen könne, der schon Einfluß auf weite Kreise hatte.

Dieser Mann ahnte nicht, daß neben ihm jemand saß, dessen Herz bei seinen Worten höher schlug. Aber ich stand ja jetzt fern, in Dorpat würde er gewiß andere Mädchen kennenlernen und es schien mir unwahrscheinlich, ihn wiederzusehen.

Der Sommer brachte uns aber doch ein Wiedersehen am Strande. Ich war für eineinhalb Tage zu Emmys Geburtstag in „Waldfried". Er war auch da, und köstlich waren die Spaziergänge am Meer und im Wald. Ich verlor am Abend eine goldene Brosche am Strand, die mir als Geschenk meines Vaters besonders lieb war. Traugott erzählte mir viel später, daß er am nächsten Morgen in aller Frühe an den Strand gegangen sei, lange nach der Brosche gesucht hätte und sehr betrübt war, daß nicht er, sondern jemand anders der glückliche Finder war.

Etwa zwei Wochen später fand Emmy Hahns Hochzeit mit Pastor Waldemar Sielmann, einem Freund von Traugott Hahn, statt. Ein großer Kreis von Verwandten und Freunden nahm daran teil. Auch ich hatte eine Einladung erhalten, war aber nicht Brautjungfer, da ich ja nicht zu den nächsten Bekannten gehörte, und machte mich darauf gefaßt, daß Traugott Hahn unter der Fülle von Gästen keine Zeit für mich haben werde. Zu meiner freudigen Überraschung aber widmete er sich mir fast ausschließlich in reizender, zarter Weise. Am Abend, als bunte Lampen den schon dunklen Wald erleuchteten, deutete er mir zum erstenmal an, wie schwer es ihm sei, über seine Zukunft noch nichts bestimmen zu können, so lange sich seine Sache in Dorpat noch nicht entschieden hätte. Gerade in diesem kritischen Augenblick setzte sich, zu Traugotts nicht geringem Ärger, ein junger Vetter zu uns mit der Frage: „Ich störe doch nicht?" Damit war unser Gespräch zu Ende. Dieses Mal war ich es, die nachher mehrere Tage wie im Traume umherging. Eine bekannte Dame, die auch zu dieser Hochzeit eingeladen war, erzählte mir kurz darauf zwar beiläufig, aber doch mit einem bedeutungsvollen Blick auf mich, daß Traugott Hahn sich ausgebeten hatte, keine Brautjungfer zu haben, weil er, als ältester Sohn, sich doch allen Gästen widmen müsse.

Im Herbst 1902 fand in Dorpat endlich trotz Prof. Kwacalas verzweifelten Versuchen, es zu hintertreiben, Hahns Promotion statt. Diese Promotion, die nur ein feierlicher Akt zu sein brauchte, da Hahns Schrift nicht nur wissenschaftlich genügte, sondern auch von maßgebender Seite besonders anerkannt wurde, gestaltete sich zu einem hochdramatischen Schauspiel. Professor Kwacala stellte dem jungen Doktoranden eine spitzfindige Falle nach der andern und suchte ihn vier Stunden hindurch mit geradezu gehässigen Angriffen, wenn nicht anders, so durch die Ermüdung, zu Fall zu bringen. Das Publikum wurde immer erregter und hielt nur mühsam seine Empörung zurück, während Traugott Hahn, bleich vor Erschöpfung, aber ruhig und völlig sachlich, alle Einwände widerlegte. Und er blieb Sieger. Unter dem lauten Beifall der anwesenden Professoren, Studenten und der übrigen Zuhörerschaft wurde ihm der Doktorhut aufgesetzt. Professor Kwacala hat seinem Gegner die erlittene Niederlage nie verzeihen können. Er blieb eine dunkle Gestalt auf Traugott Hahns Lebenswege und sollte ihm noch manche schwere Stunde verursachen.

Wenige Wochen darauf trat die theologische Fakultät zu einer Beratung zusammen, bei welcher das Gesuch Hahns um Zulassung zur Privatdozentur auf der Tagesordnung stand. In der Aussprache setzte sich Professor Alfred Seeberg wiederum besonders für ihn ein und äußerte, daß er überzeugt sei, Hahn werde einmal als der größte aller akademischen Lehrer gelten, die je in Dorpat doziert hätten. Nach seinem gewaltsamen Tode durch Kommunisten sagte ein Kollege, dieses Wort Seebergs sei nun wunderbar in Erfüllung gegangen. Dorpat habe berühmte Lehrer zu den Seinen zählen dürfen, aber Hahn war der einzige, dem diese Arbeit das Leben kostete.

Nachdem Traugott Hahn Privatdozent geworden war, wurde er nun ordnungsgemäß zum Pastor der Universitätsgemeinde gewählt. Die Nachricht drang auch zu uns. Ich wagte aber kaum zu hoffen, daß er noch an mich denkt. In Wirklichkeit machte er damals in Gedanken an mich schwere innere Kämpfe durch. Ein alter Amtsbruder, der von den Heiratsabsichten seines jungen Freundes etwas geahnt haben muß, warnte ihn, ohne mich persönlich zu kennen, eindringlich, nur ja kein Mädchen aus dem Adel zu heiraten, da ein solches sich nie in die andersartigen Verhältnisse des Pfarrhauses einleben werde. Auf Traugott Hahn machte diese Warnung tiefen Eindruck. Lange rang er, bis dann doch das Vertrauen in ihm siegte, daß ich die rechte Lebensgefährtin für ihn sein werde. Jener alte Pfarrer wurde übrigens später ein oft gesehener Gast in unserem Hause und mein besonderer Freund.

In den Osterferien besuchte Traugott Hahn seine Familie in Reval, und da er nun ganz entschlossen war, mich zu heiraten, benutzte er die Gelegenheit, meinen Eltern, die er noch nicht persönlich kannte, seinen ersten Besuch zu machen. Er beabsichtigte dabei, ihnen seine Absicht bekanntzugeben. <u>Aber es kam anders. Im Laufe des Gespräches erfuhr er, daß ich krank sei und nicht herauskommen könne.</u> So reiste er wieder unverrichteter Dinge nach Dorpat zurück. Sowohl für ihn wie für mich war es eine herbe Enttäuschung, denn da er sich nur selten von seiner Arbeit freimachen konnte, schien nun für lange Zeit ein Wiedersehen ausgeschlossen. Auch wagte ich nicht, seinem für mich wie für meine Eltern ganz überraschenden Besuch eine tiefere Bedeutung beizumessen. Etwa drei Wochen später, als ich genesen war, brachte der Postbote einen eingeschriebenen Brief an meinen Vater, Poststempel Dorpat und Traugott Hahns Handschrift. Wie ein Schlag ging es mir durch alle Glieder. Aber ich mußte lange warten, ehe ich den Inhalt des Schreibens erfuhr. Denn meine Eltern waren auf Besuch und kamen erst nach einigen Stunden wieder. Es war eine harte Geduldsprobe. Als sie endlich heimkehrten, erfuhr ich, daß Traugott Hahn die Anfrage an meine Eltern gerichtet hätte, ob er um meine Hand werben dürfe. Zwei Tage darauf schrieb er mir persönlich. Es war kein Werbebrief im gewöhnlichen Sinne. Beide Briefe waren tiefernst und ganz besonders charakteristisch für seine Wesensart. Von vornherein suchte er volle Wahrhaftigkeit und Klarheit und bemühte sich daher, alle Schattenseiten, die unserer Verbindung entgegenstehen könnten, aufzuzeigen. Vor allem schonte er dabei seine eigene Person nicht. Er wollte nicht um das Geringste besser scheinen, als er es in seinen eigenen Augen war. Zwar schrieb er, daß er gewiß sei, nur mit mir wirklich glücklich sein zu können, aber der Gedanke, ob er mich glücklich machen könne, drücke ihn. Er betonte mit großem Nachdruck, daß ich als seine Frau auf vieles würde verzichten müssen, woran ich im elterlichen Hause gewöhnt wäre. Er halte es für seine Pflicht, ganz einfach und schlicht zu leben und gegenüber dem Luxus, der besonders unter den Studenten herrsche und gegen den er immer in seinen Predigten ankämpfe, selbst mit gutem Beispiel voranzugehen.

Einmal schrieb er: „Ein gemütliches Heim ist wunderschön, ich werde es sehr genießen. Aber in diesen Räumen wollen wir ein unseren Mitteln und christlichen Grundsätzen und unserer schweren Zeit entsprechendes Leben führen, möglichst schlicht und zeigen, daß wir freie Leute sind, die wenig brauchen, um glücklich zu sein . . ."

Neben dieser starken Betonung des Verzichtens und Sicheinschränkenmüssens hielt Traugott Hahn es, wie schon erwähnt, für seine Pflicht, mich auf alle seine Fehler aufmerksam zu machen, damit ich den Ernst des Schrittes voll und ganz übersehen könnte, ehe ich „Ja" sagte. Er nannte Schwermut, Eitelkeit, Nervosität, Unwahrhaftigkeit. Ich mußte den Eindruck bekommen, daß er ein sehr schwieriger Charakter sei, ein Eindruck, der sich später allerdings ins Gegenteil verwandelte, denn es konnte keinen zartfühlenderen und liebevolleren Ehemann geben als ihn. Aber damals wußte ich das ja nicht und glaubte, nun einen schweren Weg vor mir zu sehen. Es war ganz anders, als ich mir eine Verlobung vorgestellt hatte, fast bedrückend. Ich antwortete unter viel Gebet, daß ich gewiß sei, wir würden uns trotz aller Schwierigkeiten unter Christi Kreuz immer wieder zusammenfinden, und daß ich darum doch meine Hand vertrauensvoll in die seine lege.

Nun war der Bann gebrochen. Die nächsten Briefe waren voll überströmenden Glücks. In einem derselben schrieb er: „Ich bin ganz gewiß, wir beide werden über alle Schwierigkeiten hinwegkommen, oder Christus wird uns darüber hinwegheben. Deine Zuversicht auf Ihn ist ganz auf mich übergegangen. Wir wollen nichts einer vom andern erwarten, nur von Gott alles, und daß Er uns in Einigkeit erhält als eine Doppelpersönlichkeit. Alles, alles will ich mit Dir teilen, meine Arbeit zur Predigt und zu Amtshandlungen, meine Sorgen und Gebete in Gemeindesachen und Seelsorge, meine Konfirmandenlehre, meine Wissenschaft und Armenpflege. Und, nicht wahr, nicht ein schöngeistiges Haus, sondern ein christliches Liebesheim soll das unsrige werden. Meine Anny, das verstehe ich so wenig wie Du, wie das möglich sein wird, aber nicht wahr, wir stellen uns beide auf die Verheißung Matthäus 18, 18–20: ‚Wo zwei unter euch eins werden auf Erden, das sie bitten wollen, das soll ihnen widerfahren von meinem Vater im Himmel, denn wo zwei oder drei versammelt sind in Meinem Namen, da bin Ich mitten unter ihnen . . .'"

Wenige Tage nach den ersten Briefen kam er selbst nach Reval. Er war voller Ungeduld, und keinem aus seiner Familie war es möglich, ihn in seiner Unruhe zu beruhigen. „Laßt mich", sagte er, „ich kann doch wenigstens auf ihrer Treppe sitzen, bis es neun Uhr ist." Zwei Tage darauf, am Sonntag Jubilate, stand Traugott Hahn auf der Kanzel seiner Universitätskirche, und sowohl die Predigt wie auch alle Lieder waren so voll Jubel, so voll Lob und Dank, daß die Gemeindeglieder ganz bewegt waren und nachher sagten: „Mit unserem Pastor muß etwas Großes vorgegangen sein." Im Laufe desselben Tages wurde die Verlobung in Dorpat bekannt, Traugott Hahn teilte sie selber jedem mit, der ihm begegnete. Einem Amtsbruder im Ornat fiel er auf offener Straße um den Hals und rief strahlend: „Ich habe mich verlobt!" Professor Girgensohn aber sagte voll Staunen über die Verwandlung, die mit seinem ernsten Freund vorgegangen war: „Du kannst ja übermütig und ausgelassen froh sein!"

In meiner Familie fand Traugott Hahn herzliche Aufnahme. Als einmal die Rede darauf kam, daß ich in einen anderen Stand hinein heirate, da sagte meine prächtige alte Taufpatin, meine Tante Anna von zur Mühlen: „Dein Bräutigam ist vornehmer als wir alle, denn er steht im Dienste des allerhöchsten Herrn."

Eine herrliche Zeit von vier Monaten folgte. Besonders schön waren die Sommermonate in Leetz, dem Strandaufenthalt meiner Eltern. Immer tiefer lernten wir uns kennen und lieben. Bei der großen Echtheit und Reinheit von Traugotts Wesen überkam ihn nun die Liebe mit Gewalt und erfüllte ihn ganz. Mich ergriff manchmal ein Bangen, daß er mich überschätze, was ja auch der Fall war, und ich sagte ihm: „Ich fürchte, du wirst noch einmal eine große Enttäuschung an mir erleben." Wie oft hat er mich in späteren Jahren mit diesem Worte geneckt, immer wieder mich lächelnd fragend: „Nun, wann kommt denn die große Enttäuschung?"

In Traugott Hahns Wesen ging damals eine große und dauernde Veränderung vor sich, wie er es selbst öfter bezeugt hat. Seine Neigung zum Grübeln, ja zur Schwermut, die niedergeschlagenen Stimmungen, mit denen er oft zu kämpfen hatte, das alles trat nicht nur zeitweilig zurück, sondern hat auch später nie mehr über ihn Gewalt gewinnen können. Er empfand das Glück, das ihm zuteil geworden war, als einen so großen Liebeserweis Gottes, daß davon sein ganzes Leben durchdrungen war.

Wenn ich mich entschlossen habe, hier einige Stellen aus seinen

Briefen folgen zu lassen, so geschieht es, weil sie die Eigenart seines Wesens und die Kraft seiner Empfindung besonders deutlich machen: „Du liebst und verstehst mich gerade so, wie ich es brauche, so hat mich noch kein Mensch verstanden... Du hast einen ganz neuen Menschen aus mir gemacht, bei dem helle Freude die Grundstimmung geworden ist... Mein ganzes Herz ist ein großer Dank... Du kannst es Dir gar nicht denken, wie ich Dich brauche für die Arbeit wie für die Mußestunden... Ich würde ohne Dich nie werden, was ich nach Gottes Willen werden soll. Ich habe den starken Eindruck, Satan bietet viel auf, um mich zu verderben. Merkst Du nicht, daß ich Dich ganz anders liebe als andere Menschen?... Und dann, unser Pastorenberuf! Du wirst es erfahren, was der für Freuden bringt. Wer nicht selbst Pastor und von Herzen Pastorin ist, und Du wirst es sein, das weiß ich – der kann es nicht ahnen...

Kierkegaard hat ganz recht: Wahrhaft predigen kann nur, wer auf dem schmalen Wege wandelt, nicht der ein weichliches Wohlleben führt. Ich fühle es tief, Gott wird es uns beiden mehr und mehr geben, den schmalen Weg der Pflicht zu wandeln. Es ist aber auch zugleich der höchste Freudenweg... Unsere Seelen klingen doch ganz zusammen in dem Einen, was not tut. Und nicht wahr, vor allem wollen wir beide Gottes Willen tun und immer aufrichtig darin übereinander wachen..."

Am 29. August 1903 heirateten wir. Die Trauung in der mächtigen, großen Olaikirche war sehr feierlich. Als Trautext hatten wir uns meinen Konfirmationsspruch gewählt: „Ihr habt mich nicht erwählet, sondern Ich habe euch erwählt und gesetzt, daß ihr hingehet und Frucht bringet und eure Frucht bleibe. Auf daß, so ihr den Vater bittet in meinem Namen, Er es euch gebe" (Joh. 15, 16). Dazu hatte Traugott noch das Wort hinzugenommen: „Euer Herz soll sich freuen, und eure Freude soll niemand von euch nehmen."

Traugotts Vater hielt die Rede. Sie war ernst und betonte eindringlich die Pflichten des Pastorenberufs, die an erster Stelle stehen sollten. Meine schon einmal erwähnte Taufpatin sagte nachher: „Anny wurde mehr ordiniert als getraut." Auf meine Seele aber legte sich die Verantwortung aufs neue mit so großer Wucht, daß ich gleich nach der kirchlichen Feier in einem stillen Augenblick bei meiner Schwiegermutter in Tränen ausbrach. Als nach mehreren Jahren der Ehe Traugott und ich gemeinsam unsere Traurede nochmals durchlasen, fand ich sie aber wunderschön.

Ein großer Kreis von Freunden begleitete uns zum Bahnhof, und unter den Klängen eines Abschiedsliedes setzte sich der Zug in Bewegung, um uns in die livländische Schweiz zu bringen. Im Schweizer Häuschen von Kremon verbrachten wir einige Tage des Alleinseins in der wunderlieblichen Aalandschaft. Traugott freute sich unendlich, mir all das Schöne zu zeigen. In Wenden führte er mich eine ganze Strecke mit geschlossenen Augen bis zum Schloßpark und ließ sie mich erst öffnen, als ein wunderschöner Blick vor uns lag.

Dann kam der Einzug ins neue Heim in Dorpat. Das Pfarrhaus war von der Gemeinde reizend hergerichtet worden, alles neu gestrichen und tapeziert von innen und außen. Die hübsche Einrichtung hatten zum größten Teil meine Eltern geschenkt. Auf allen Tischen standen Blumen, reiche Obstkörbe und andere Aufmerksamkeiten aus der Gemeinde. Wir setzten uns zum erstenmal an den eigenen Tisch. Da ertönte auf dem Flur schöner Quartettgesang: „Lobe den Herrn, den mächtigen König der Ehren . . . Er ist dein Licht, Seele vergiß es ja nicht, lob ihn in Ewigkeit, Amen", so klang es auch in unseren dankerfüllten Herzen. Von überall strömte uns nun Liebe und Wärme entgegen, die die Gemeinde ihrem jungen Pastor darbrachte in herzlicher Mitfreude an seinem Glück.

DAS REVOLUTIONSJAHR 1905 UND DIE ERSTEN BALTISCHEN MÄRTYRER

Unser äußeres Leben sollte uns durch die politischen und weltgeschichtlichen Ereignisse jener Zeit viele tiefgreifende Erlebnisse bringen. Die erste große Erschütterung war die Revolution von 1905. In aller Kürze seien hier einige Worte zur Erklärung der damaligen Lage der Kirche gesagt.

Schon seit Jahrzehnten stand die evangelisch-lutherische Kirche Livlands sowie die anderen baltischen Landeskirchen in einem schweren Kampf um die Gewissensfreiheit. Bereits um die Mitte des 19. Jahrhunderts (1843) hatte die russische Regierung in dem Bestreben, die griechisch-katholische Kirche zur alleinherrschenden in Rußland zu machen, eine größere Anzahl Esten und Letten durch Versprechungen von Land und anderen Vergünstigungen dazu gebracht, zur griechisch-katholischen Kirche überzutreten. Als manche von ihnen später in schwere Gewissenskämpfe gerieten und mit ihren Kindern zur evangelisch-lutherischen Kirche zurück wollten, wurde ihnen das nicht gestattet (1864/65). Die evangelisch-lutherischen Pastoren aber kamen durch die oft flehentlichen Bitten dieser „Übergetretenen" um den Empfang des Heiligen Abendmahls und anderen Amtshandlungen in schwierige Situationen. Wo sie in dringenden Fällen nachgegeben hatten, traf sie Amtsentzug, Verbannung oder Gefängnis.

Unter diesem Eindruck war schon 1903, zwei Jahre vor Ausbruch der Revolution, die Predigersynode in Wenden zusammengetreten. Es war die erste, die Traugott Hahn als junger Universitätsprediger mitmachte. Sie hat einen tiefen und nachhaltigen Eindruck bei ihm hinterlassen. Alle dort anwesenden Pastoren waren sich bewußt, einer sehr ernsten und entscheidungsvollen Zeit entgegenzugehen, die ihnen Verfolgung, ja vielleicht den Tod bringen könne.

Er selbst war damals noch Bräutigam, und um so eigenartiger, ja fast prophetisch berührt ein Brief, den er von dieser Synode aus schrieb. Im zweiten Teil hieß es: „Gestern war ein fesselnder Tag, ein vorzüglicher Vortrag von Oberpastor Girgensohn, Riga – eine seltene Persönlichkeit – über ‚Zeitgemäße Predigt', mit großer, sich anschließender Diskussion. Am Nachmittag eine freie Besprechung des Verhältnisses zur ‚herrschenden'(griechisch-katholischen) Kirche. Solch eine Sitzung kann man nur in Livland mitmachen. Sie machte einen tiefen, erschütternden und erhebenden Eindruck zugleich. Wir sind jetzt stark über 150 Synodale. Durch diese Sitzung klang ein heroischer Märtyrerton. Ich kam mir so jämmerlich vor gegenüber den Amtsbrüdern vom Lande mit ihrer Bereitschaft, alles aufzugeben und zu verlieren um des Gewissens willen..., mir ging es auf, erst wo Martyrium und Opfer anhebt, beginnt das höhere Christentum. Ohne Opfer keine Seligkeit. Für Gott und seine Kirche alles einsetzen, bis aufs äußerste Christo und dem Gewissen folgen, ist unendlich viel mehr als Glück, ist höchste Seligkeit. Ich verstehe doch tief Alexander Öttingen, wenn er sagt: ‚Glücklich sein auf Erden vor allem ist ein jämmerlicher Standpunkt (Matth. 6, 33). Selbstverleugnung ist Leben' (Matth. 16, 25)."

So begann Gott schon damals, Traugott Hahns Seele auf Verfolgung und Martyrium vorzubereiten!

Erst zwei Jahre waren wir verheiratet, als die Revolution von 1905 ausbrach, die das große Russische Reich zum erstenmal in seinen Grundfesten erschütterte und wie das Grollen eines nahenden Ungewitters den furchtbaren Zusammenbruch ahnen ließ, der 12 Jahre später eintrat. Die sozialistische Bewegung hatte in dem letzten Jahrzehnt unter Esten und Letten an Boden gewonnen, und mit allen Mitteln wurde das estnische und lettische Volk gegen die Deutschen aufgestachelt. Sie wurden dabei vom Ausland mit finanziellen Mitteln unterstützt.

Schon im Herbst 1905 begann es in Dorpat unruhig zu werden. Die russischen Studenten, die in großer Zahl in Dorpat studierten, veranstalteten eine Reihe von öffentlichen Versammlungen (Schodka), um zum Streik aufzufordern. Sie suchten auch den Beginn der Vorlesungen zu verhindern. Wie ernst Hahn die Lage schon damals ansah, zeigt ein Brief vom 15. September an seine Schwiegereltern: „In Gottes Hand sind wir ja geborgen (Joh. 16, 33), ,in der Welt habt ihr Angst, aber seid getrost, ich habe die Welt überwunden', hat für uns jetzt eine besonders tiefe Bedeutung. Möge im Glaubensblick auf den Herrn Frieden und getroster Mut unser aller Herz erfüllen. Der Anfang der Vorlesungen wird noch immer herausgeschoben. Heute wollte Seeberg beginnen. Aber in der Universität lungerten vor dem Auditorium verschiedene düstere ‚Kollegas' (so nannte man die russichen Studenten in ihrer Uniform). Die russischen Professoren beschworen Seeberg, nicht einen furchtbaren Skandal herauszufordern, sondern bis zum 20. zu warten. Dann soll die entscheidende Schodka stattfinden. Er gab nach. Die Mehrzahl der Studenten ist für das Lesen. Aber es gibt hier eine rabiate Minderheit. Die Aussichten sind daher düster. Aber ich bin der Überzeugung, nach dem 20. muß man lesen, es koste, was es wolle." Einige Tage später machte er wirklich als erster Professor den Anfang und hielt sein Kolleg. Die russischen Studenten steckten, erstaunt über diese Unverfrorenheit, ihre Köpfe zur Tür herein, störten aber nicht weiter. Und am nächsten Tage lasen auch die andern Professoren. Daß es sich nur um eine kurze Atempause, um eine Stille vor dem Sturm handelte, war uns allen klar, mehrten sich doch täglich die beunruhigenden Anzeichen und Nachrichten aus dem ganzen Reich. Auch kam es bereits zu Zusammenstößen zwischen russischen und deutschen Studenten, weil letztere für die Arbeit eintraten.

Bei uns im Hause wurde im kleinen Kreise viel und ernst über die Frage gesprochen, wie wir uns als Christen zu all den drohenden nationalen und politischen Verwicklungen zu stellen hätten. Mein Mann kam zu dem Schluß, daß man vor allem tun müßte, was man vor Gott, vor seinem Lande und vor seinem Gewissen verantworten könne, aber daß man von dieser Stellung aus sich auch auf einen Untergang gefaßt machen müsse. In jener Zeit betete er in unserer gemeinsamen Andacht täglich darum, daß, wenn es sein müßte, uns die Kraft gegeben werde, als Märtyrer zu sterben.

Es dauerte nicht lange, da brach der große Post- und Eisenbahnstreik aus. Die russischen Studenten benutzten die allgemeine Aufregung, um sofort die Universität und auch die Schulen zum Einstellen ihrer Arbeit zu zwingen.

Wir waren gerade eines Abends zu Gast bei der schwerleidenden Baronin N., die dicht neben der Universität wohnte, als ein unheimlicher Lärm auf der Straße hörbar wurde. Beim Hinausschauen erblickten wir eine riesige Menschenmenge, die sich vor der Universität versammelt hatte. Wüstes, unheildrohendes Geschrei und Gelärme ertönte und wuchs immer mehr an. Wilde, aufhetzende Reden wurden von russischen Studenten an das Volk gehalten. Von der Universität wurde der russische Reichsadler, das Symbol der kaiserlichen Regierungsmacht, heruntergerissen. Statt dessen prangten jetzt dort in riesigen, roten Buchstaben die Worte „Nieder mit der Selbstherrschaft" (d. h. unumschränkte Monarchie).

Es hatte etwas eigentümlich Beklemmendes, zum erstenmal solch eine tobende Menge zu hören und in ihr eine elementare Gewalt zu verspüren, der gegenüber der einzelne völlig machtlos war. – Nur auf Umwegen erreichten wir unser Pfarrhaus.

Es war klar, daß wir mitten in der Revolution standen.

Angesichts des immer drohenderen Verhaltens der Volksmenge wurde von zuverlässigen Gruppierungen der Stadt ein Selbstschutz gebildet, der in kleinen Trupps nachts durch die Straßen patrouillierte. Mein Mann schwankte, ob er sich nicht auch dazu melden sollte, er fühlte den lebhaften Wunsch, auch als Pastor sich nicht nur beschützen zu lassen, sondern selbst für den Schutz der Allgemeinheit einzutreten. Der Kirchenrat der Universitätsgemeinde ließ es aber nicht zu.

In Dorpat gingen damals schlimme Gerüchte um. Ein uns bekannter Este teilte meinem Mann unter dem Siegel der Verschwiegenheit mit, er hätte spät abends auf dem Domberg ein Gespräch belauscht, wonach auch unser Pfarrhaus in der nächsten Nacht angezündet werden solle. Daraufhin entschlossen wir uns, unsere kleine einjährige Annemarie, die in all dem Dunkel draußen unser Sonnenstrahl war, der größeren Sicherheit wegen in einem der großen Krankenhäuser am Dom unterzubringen. Im Schutze der Dunkelheit trug Traugott sie hin. Wir nahmen Abschied von unserem Herzblättchen, nicht sicher, ob wir es wiedersehen würden. Traugott schreibt über jene Tage an eine frühere Konfirmandin:

„Auch wir machen hier viel Schweres durch. In einer so kleinen Stadt erhält man von einer Revolution viel stärkere Eindrücke. Vom 17.–20. Oktober hatten wir furchtbare Tage. Wir persönlich waren gewarnt, der Pöbel wollte alle Pastoren aufhängen und die Kirchen zu Versammlungslokalen benutzen. Die Polizei und das Militär taten nichts, obgleich alle Kaiseradler heruntergerissen, alle Kaiserbilder zerrissen wurden. Zwei Nächte schliefen wir angekleidet, während drei Studenten so gut waren, zu wachen. Das Schwerste ist der Eindruck von der furchtbaren Macht der Finsternis, die das Volk ergriffen hat. Aber für den Christen, der diese Zeit mit Bewußtsein und betend durchlebt, hat sie auch Gutes. Sie bringt mächtig vorwärts, gerade indem sie tief demütigt, da wir entdecken, wie schwach unser Glaube noch ist. Und man liest da die Bibel mit ganz andern Augen, sie sagt einem viel mehr. Endlich zwingt diese Zeit dazu, sich auf den Tod zu bereiten..."

Bis auf einige kleine Schießereien kam es aber in Dorpat zu keinen größeren Ausschreitungen. Sehr beunruhigend wirkte es, daß man durch den allgemeinen Post- und Eisenbahnstreik vollständig abgeschlossen war von der übrigen Welt und nur auf Gerüchte angewiesen.

Leider bestätigten sich bald die Schreckensnachrichten, die aus dem ganzen Lande einliefen. Städtische Fabrikarbeiter und ländliche Gutsarbeiter hatten sich zusammengeschlossen und zogen bewaffnet durchs Land, brennend, sengend, mordend, wobei das Lied ertönte: „Möisad pölewad, Saksad surewad" (d. h. die Güter brennen, die Deutschen sterben). Die gemäßigten und besonnenen Teile der Landbevölkerung, an denen es nicht fehlte, wurden durch den Terror gezwungen, mitzumachen. Andernfalls liefen sie Gefahr, selber erschossen zu werden. Allein 220 schöne Gutshäuser und über tausend andere stattliche Bauten und Gehöfte, darunter auch viele Bauernhöfe, unendlich viel an kostbaren Kunstschätzen und nicht mehr zu ersetzenden Erinnerungswerten fielen damals einer sinnlosen Zerstörungswut zum Opfer. Mehrere Gutsbesitzer und andere Deutsche, denen es nicht gelungen war, sich rechtzeitig in die Städte zu flüchten, wurden ermordet. Das war die erste Märtyrerzeit der baltischen Kirche.

Obgleich diese Männer die Gefahr klar erkannten, hatten sie mutig bei ihren Gemeinden ausgeharrt. Pastor Schilling war noch auf der Ende August in Walk tagenden Predigersynode, die von den Ereignissen überschattet war. Dort legten sich bereits alle anwesenden Pastoren die Frage vor, wen von uns es treffen werde? Da erhielt Schilling die Nachricht, daß Brandstiftung an seinem Pfarrhaus in Nitau versucht worden sei. Er eilte heim und brachte seine Kinder in Sicherheit. Er selbst aber blieb mit seiner Frau auf seinem Posten. Zwei Wochen darauf wurde er ermordet.

Seinen Freund, Propst Zimmermann, der sich nicht gescheut hatte, den Leuten offen die Wahrheit zu sagen und diesen Mord »Mord« zu nennen, ereilte dasselbe Schicksal. Er und seine Frau mußten es mit dem Tode büßen. Auf seinem Schreibtisch fand man ein Todesurteil, das unterzeichnet war: „Der Teufel, der Richter, der Unstete." Daß das Sterben dieser tapferen Männer auf Traugott Hahn einen tiefen Eindruck machte, braucht kaum gesagt zu werden. Er durchlebte diese Zeit mit den Tiefen seiner Seele, und sie zehrte an ihm. Doch rang er sich durch zu innerer Stille und Festigkeit. Manche Menschen flohen damals aus der Heimat, andere erwogen ernstlich diese Möglichkeit. Wir waren fest entschlossen zu bleiben.

Nur erwog Traugott den Gedanken, unsere kleine Annemarie nach Deutschland zu schicken. Zum Glück kam es dazu nicht. Wir beide waren täglich dankbar, daß wir gemeinsam durch diese schwere Zeit hindurchgehen durften. Oft sagte Traugott damals zu mir: „Wir wollen uns nicht mehr trennen, wer weiß, wie lange wir uns noch haben."

Die Revolution von 1905 und 1906 richtete sich in Estland und Lettland nicht nur gegen die Deutschen und besitzenden Klassen, sondern ganz bewußt auch gegen die Kirche und Gottes Wort. Die Pastoren wurden gehaßt als die Vertreter göttlicher Ordnung. Man sah in ihnen Feinde, die durch ihre Predigt, ihr Beispiel und ihren Einfluß das Volk davon abhielten, sich den revolutionären Grundsätzen zu öffnen. Deshalb trachtete man nach ihrem Leben. An vielen Orten versuchte man die Gottesdienste zu stören, den Pastoren den Talar abzureißen, sie in einen Sack zu stecken und zu ertränken. Unzählige Kirchen wurden geschändet und zu gotteslästerlichen Versammlungen benutzt.

Eines Sonntags kam es auch in der estnischen Marienkirche in Dorpat, die ganz nah von unserm Pfarrhaus gelegen war, zu einem aufregenden Auftritt. Pastor W. stand gerade auf der Kanzel und predigte, als von draußen einige Provokateure eindrangen und mit lautem Rufen und Schreien den Gottesdienst störten. Sie versuchten durch die dichtgedrängte Menge vorzudringen, um den Pastor zu greifen und ihn in den Sack zu stecken. Beherzte estnische Frauen aber standen wie eine Mauer um die Kanzel herum und ließen sie nicht durch. Als die Männer auf sie eindrangen, schlugen sie ihnen mit ihren Gesangbüchern auf den Kopf. Der Pastor rettete sich, indem er mit einem kühnen Satz von der ziemlich hohen Kanzel aus mitten in die Gemeinde hineinsprang. Durch die schützende Mauer der Frauen hindurch gelang es ihm, eine Seitentür zu erreichen, ins Freie zu gelangen und sich seinen Verfolgern zu entziehen. Ähnliche Auftritte spielten sich an vielen Orten ab. Am Widerstand der Frauen aber scheiterte manch böser Plan.

Allmählich gelang es der russischen Regierung, der Revolution Herr zu werden. Nicht wenig trugen dazu die gefürchteten Kosaken bei, die nun überall in den Städten erschienen. Sie ritten durch die Straßen und hieben mit ihren berüchtigten Peitschen einfach in die aufgeregte Menge hinein. Furchtbare Strafgerichte fanden statt. Diesmal sollte es noch gelingen, die Ruhe wiederherzustellen, freilich nur eine äußere Ruhe. Im Innern des großen Reiches gärte und brodelte es weiter. Die Regierung suchte dem Volke entgegen zu kommen, indem sie ihm weitgehende politische Rechte einräumte. Die so heiß ersehnte Gewissensfreiheit hatte sie ihm – es war fast wie ein Wunder – schon vor Ausbruch der Revolution durch das Toleranzedikt vom 17. April 1905 gegeben. Unzählige, um ihres Glaubens willen im großen Russischen Reich Verfolgte atmeten auf, und auch die vielen Prozesse gegen die evangelischen Pastoren im Baltenland wegen angeblicher religiöser „Propaganda" waren damit niedergeschlagen.

Zu der religiösen Duldung kam als Folge der Revolution die nationale. Auch den Deutschbalten wurde der öffentliche Gebrauch der deutschen Sprache in Schulen, Vereinen und Versammlungen wieder freigegeben. Es waren große Tage voll Dank und Jubel. Die zur Zeit der Russifizierung geschlossenen Schulen wurden mit erhebenden Feiern wieder eröffnet und neue deutsche Schulen ins Leben gerufen, zu denen man die Mittel durch die allgemeine Opferwilligkeit aufbrachte. Deutsche Vereine entstanden in Stadt und Land. Das Deutschtum blühte wiederum auf. Nach dem Druck und der Knechtung, die auf politischem, nationalem und religiösem Gebiet bisher auf den Untertanen des Russischen Reiches gelastet hatte, war die neue Freiheit ein doppelt großes Geschenk. In einer Predigt nannte Traugott Hahn rückschauend die Zeit, die jetzt anbrach, eine Gnadenfrist, die Gott noch einmal dem russischen Volk und auch uns Balten geschenkt hatte.

1903 wurde Traugott von der Livländischen Synode zum Missionsreferenten gewählt. Er hatte für die Mission schon von seinem Elternhaus her eine besondere Liebe, war doch sein Großvater, der bekannte Barmer Missionar, Carl Hugo Hahn, der Bahnbrecher der Herero-Mission. Eine Zeitlang dachte er daran, selbst in die Mission zu gehen. Im Auftrag der Landessynode reiste er im Frühjahr 1904 nach Leipzig zur Generalversammlung der Leipziger Mission. Diese Reise brachte eine erwünschte Gelegenheit, mit dem deutschen Geistesleben in Berührung zu kommen. Er saß unter den Kanzeln bedeutender Prediger wie z. B. dem jungen Bodelschwingh. Die Reise brachte ihm reiche Anregung, ließ ihn jedoch als Wissenschaftler und Christ unbefriedigt. Er schreibt darüber: „Ich werde, glaube ich, fortan zu Autoritäten und zu der Wissenschaft anders stehen als bisher. Selbst arbeiten, selbst suchen muß immer mehr die Losung sein." Als ihm später einmal eine Professur in Deutschland in Aussicht gestellt wurde, lehnte er ab und sagte dazu: „Kein Sohn unserer Heimat darf sie verlassen, ohne ein Stück Lebensarbeit für sie geleistet zu haben und ohne die Möglichkeit eines vollwertigen Ersatzes." In den tiefsten Lebens- und Glaubensfragen ließ er sich von keiner Richtung und auch von seinen besten Freunden nicht bestimmen, sondern nur von Gott und seinem Gewissen.

Im Frühjahr 1906 waren meine Eltern bei uns zu Gast. Es war ein schönes, harmonisches Beisammensein. Da bekam mein Vater einen schweren Herzanfall. In dieser Zeit erkrankte Traugott selbst damals am Blinddarm. Eine Operation erwies sich als nötig. Er zog ins Krankenhaus und hatte nach der Methode des berühmten Chirurgen Professor Zoege von Manteuffel schon mehrere Tage vollkommen gehungert, als ein erneuter Anfall bei meinem Vater auftrat. Dieser kam gerade von einem kleinen Spaziergang und stand bewundernd vor einem großen Tulpenbeet in unserm Garten, als er plötzlich niederstürzte und in wenigen Augenblicken verschied. Tief erschüttert trugen wir ihn ins Haus.

Als Traugott, der am nächsten Tag operiert werden sollte, dies erfuhr, kam er sofort, obgleich schon sehr geschwächt, wieder nach Hause. Er wollte es sich nicht nehmen lassen, die Abschiedsfeier selbst zu halten. Erst als mein Vater zur letzten Ruhe gebettet war, kehrte er ins Krankenhaus zurück und wurde nach nochmaligem Hungern operiert. Aber er war selbst sehr mitgenommen. Fast hätte er die Narkose nicht überstanden. Lange wachte er nicht auf. Wie glücklich war ich, als er endlich die Augen aufschlug. Aber die Schwäche hielt noch lange an. In diesen stillen Tagen im Krankenzimmer machte er innerlich viel durch. Er nannte sie später selbst eine reiche Segenszeit.

In dem Wunsche, aus seiner eigenen Erfahrung heraus noch mehr Verständnis für die Seelsorge an Krankenbetten zu gewinnen, schrieb er einige Gedanken darüber auf:

„Zeiten der Stille und der Ausspannung von der Arbeit sind dringend nötig.

Wie not tut es auch einem Christen, in der Krankheitszeit darauf hingewiesen zu werden, die Zeit auszunutzen.

Freilich, wie schwer sind dem Kranken die Tage nach der Operation, Todesmattigkeit, Übelkeit, Hunger! Wie ist der Kranke dadurch unfähig, sich zu unterhalten, selbst zu reden, mehr als einen ganz kurzen Spruch zu hören, an einem ganz kurzen Gebet teilzunehmen. Das ist auch bei andern in ihrer Beurteilung und Behandlung nie zu vergessen.

Also nicht eindringen zu den Kranken in den ersten, überhaupt den eigentlich schweren Tagen, und wenn, dann nur zu einem ganz kurzen Gebet ohne Gespräch.

Auch bei Genesenden, wie ist wochenlang jeder Besuch dem Kranken angreifend, ja quälend, wenn die Müdigkeit kommt. Es kann ihm den Schlaf kosten. Nur nicht gedankenlos zu lange bleiben.

Dagegen ist in den Tagen vor der Operation das Bedürfnis nach Besuch und Aussprache auch über das Leiden recht groß.

Leiden ist überaus schwer. Ein Großes ist es, es auch nur zu ertragen. Nur wenn Gott zu Hilfe kommt, erliegen wir nicht. Wie groß ist oft das wortlose, ja gedankenlose Ruhen in der Gnade Gottes.

Die Hauptsache aber ist der Glaube – nicht ständiges Denken an Sünde und Tod, an alle verschiedenen Möglichkeiten, sondern das Blicken auf Gott und auf Jesus, auf die Tatsache des geschichtlichen Jesus als Glaubensgrund.

Entschlossen wandte ich mich von dem gesetzlichen Standpunkt ab und dem echten Luthertum zu. Falsch ist doch die Fassung des Glaubens vor allem als Gehorsam, als Willenshingabe. Nein, vor allem gilt's vertrauen, dankbar an Gottes Gnade, Erlösung und Führung, wie Erziehungsarbeit sich freuen und darin sich ergeben und gehorsam werden.

Das Herrlichste, was diese Zeit mir gebracht, ist die Glaubensstärkung, der Eindruck, wie alles, auch das Kleinste, sich zusammenfügte und auch das Schmerzlichste nützlich ist."

Als Traugotts Kräfte wiederzukehren begannen, erhielten wir von einigen Gemeindegliedern eine größere Summe für seine Erholung geschenkt und benutzten sie zu einer Reise nach Finnland. In der Pension Päiwola, im Herzen Finnlands, verbrachten wir einige herrliche Wochen. Die finnländische Natur mit ihren tausend Seen, ihren ernsten Felsen und tiefen Wäldern hat einen eigentümlichen Reiz. Wir machten weite Gänge miteinander. Wir lasen viel zusammen im Wald, u. a. Wicherns Leben von Oldenberg, und besprachen Fragen aus der Arbeit und aus dem Semesterleben. Eine vertrauliche Anfrage trat damals an Traugott heran, ob er bereit sei, Pastor an einer der größten Gemeinden Rigas zu werden. Traugott war sich aber gleich darüber klar, daß er weder seine Universitätsgemeinde noch die akademische Laufbahn verlassen wolle.

Auf der Rückreise erlebten wir noch einige aufregende Stunden in Helsingfors, wo gerade die Revolution im Ausbruch war, und meuternde Soldaten die Stadt beschossen. Es gelang uns aber, mit einem Schiff unbehelligt Helsingfors zu verlassen und die Heimat zu erreichen.

AUS DER ARBEIT

1. Traugott Hahn als Prediger

Betrachten wir Traugott Hahn als Prediger, so greifen wir damit in das innerste Herz seiner Arbeit hinein. Legte er selbst doch der Predigt eine ganz große Bedeutung bei und verwandte ein hohes Maß von Zeit und Arbeit auf sie. Eine Predigt aus dem Ärmel zu schütteln, hielt er für ein Unrecht. Nach einer dürftig präparierten Predigt schrieb er einmal: „Das eine oder das andere Mal in Ausnahmezeiten hilft Gott so herüber, bei schwacher Vorbereitung. Aber auf die Dauer verwildert man dabei. Eiserne Predigtpräparation ist nötig." Ja, äußerste Anspannung aller Kräfte verlangte er von sich und von seinen Schülern für die Predigt, und doch erwartete er alles von Gott. Auf den Knien hat er sich seine Predigt erbeten. Das fühlten auch seine Gemeindeglieder. Eins von ihnen äußerte darüber: „Man hat in der Kirche die Empfindung, er hat eben mit Gott geredet und nun spricht er zu uns."

Meist fing er schon in den ersten Tagen der Woche an, seine Predigt zu skizzieren. Einer seiner Kollegen erzählte dazu folgende Begebenheit: „Wir machten die Rückreise von der Rigaer Synode nach Dorpat in größerer Gesellschaft und freuten uns schon darauf, unsre Synodaleindrücke mit unseren Kollegen auszutauschen. Doch wie groß war unsere Enttäuschung, als Hahn erklärte, er habe beschlossen, die Tagesfahrt in einem Schlafwagen 3. Klasse zu machen, um ungestört seine Predigt für den nächsten Sonntag ausarbeiten zu können. Dabei hatten wir erst – Montag."

Manchmal rang er schwer und lange um das Rechte, immer wieder den Entwurf verändernd, ein anderes Mal kam er schon nach kurzer Zeit strahlend zu mir gestürzt mit dem Ruf: „Ich hab's". Dann lag die Predigt in großen Zügen klar vor ihm, und er war wie befreit und dankbar für ein großes Geschenk, so jedenfalls betrachtete er diese Eingebung.

Aber damit setzte die richtige Arbeit erst ein, das genaue Ausführen und Feilen, wobei ihm hauptsächlich das Kürzen schwerfiel. Aus der Fülle der ihm zuströmenden Gedanken die wichtigsten herauszugreifen und auf manches zu verzichten, um Längen zu vermeiden, das war ihm geradezu ein Opfer. Oft kam es vor, daß er gleich nach der Predigt zu seiner Frau sagte: „Am liebsten hielte ich gleich noch eine Predigt über diesen Text. Aber dann würde ich sie ganz anders anfassen."

Trotz der gewissenhaften Vorbereitung während der Woche gehörte der Sonnabend in besonderem Maße der Predigt. Schwer empfand er es, wenn an diesem Tage Besuch kam und seine Zeit mit Dingen in Anspruch nahm, die nicht zu seinem Amt gehörten. Eine Einladung zum Sonnabend nahm er fast nie an.

Am Sonntag morgen verbrachte er eine stille Stunde in seinem Studierzimmer, die dem Gebet und dem Einprägen gewidmet war. Trotz genauer Ausarbeitung der ganzen Predigt, die er wörtlich aufschrieb, nahm er doch das Konzept nie mit auf die Kanzel und sprach völlig frei. Dazu hatte ihn seine Mutter erzogen, die bei der ersten Predigt, die er als junger Vikar in der St.-Olai-Kirche hielt, von ihm verlangte, daß er ohne Konzept spricht. Hatte er aber einmal ohne seine Schuld keine Zeit zur Predigtvorbereitung gehabt, so überließ er es in kindlichem Vertrauen Gott, ihm das rechte Wort zu geben, und bekannte dann manchmal selber, daß ihm eine besonders schöne Predigt geschenkt worden sei. Seinen Schülern riet er, bei solcher Gelegenheit ruhig mal zu einer fremden Predigt zu greifen und lieber die Gedanken eines andern zu verwenden, als der Gemeinde etwas Eigenes, aber Unfertiges zu bringen.

Auch die Liturgie jedes Gottesdienstes war aufs sorgfältigste vorbereitet. Die Gemeinde ahnte wohl nicht, wie lange der Pastor oft gesucht hatte, um die in dem Rahmen der Predigt und des Gottesdienstes passenden Lieder zu finden. Dadurch wurde der Gottesdienst ein geschlossenes Ganzes. Eine Konfirmandin schrieb: „Gerade die Liturgie machte er zum wahren Gottesdienst, jeden Sonntag war es mir doch etwas ganz Neues, und man mußte immer richtig mitbeten und dabei sein mit allen Gedanken."

Sein Vortrag war keineswegs glänzend, sondern ganz schlicht und einfach. Wer eine rednerisch hervorragende Predigt erwartete, mag enttäuscht gewesen sein von dieser Art, die jedes Pathos vermied.

Möglichste Natürlichkeit bezeichnete er als eine der homiletischen Haupttugenden. Auch war er nicht volkstümlich, und weil er so in die Tiefe ging, war es nicht immer leicht, ihm zu folgen. Und doch zwang er den Zuhörer in den Bann seiner Rede, die sich oft zu tiefer Ergriffenheit steigerte und ihn selbst mit sich fortriß. Jede Predigt war eine Tat, ein Stück eigensten Lebens, das er verschenkte. Nachher war er oft ganz erschöpft. Eine Dame schrieb mir nach seinem Tod: „Wissen Sie, was mein erster und bleibender Eindruck von den Predigten Ihres Mannes war? Von der ersten an – der Probepredigt in Dorpat – die ich hörte, war mein Eindruck: das ist Gottes Wort, nicht Menschenwort, und es ist der Heilige Geist, der darin ist. Darum haben sie die starke Wirkung, und werden sie nie verlieren."

Nach dem Tode meines Mannes fand ich in seinem Nachlaß ein kleines Heft. Hier hatte er in kurzen Umrissen u. a. auch seine Gedanken über die Predigt niedergelegt. Einige davon seien hier wiedergegeben:

„Scharf ist zu unterscheiden zwischen Vortrag und Predigt.

Scharf exegetisch muß ich jeden Text durcharbeiten, aber auch ohne Kommentar selbst die praktischen Texte für mich herausziehen, auch die vorliegenden Bilder klarlegen. Nur ja nicht eine Sammlung von einzelnen Einfällen und logischen Bemerkungen vorbringen, sondern immer ein abgerundetes Ganzes, Klares, Einheitliches bieten.

Die Form muß leicht und klar sein. Es gilt, Tiefes recht schlicht, zum Teil gerade in kurzen Sätzen zu sagen.

Unter viel Gebet muß die Predigt entstehen. Was heißt Gott mich der Gemeinde sagen? So muß die Frage lauten bei der Vorbereitung, von Anfang bis zu Ende. Das Einprägen muß schon am Sonnabend geschehen. Der Sonntag früh ist mehr für Verinnerlichung und Gebet.

Die Predigt muß ein seelsorgerliches Gespräch sein. Bei meiner Predigt habe ich an die Verschiedensten zu denken, wie ich ihnen dienen könnte, den Kommilitionen, besonders den Theologen.

Ich muß auf die Kanzel gehen mit dem Bewußtsein: Jetzt gilt es, sie mit ganzer Wucht abzuziehen, ja abzudrängen von den gewohnten Fragen, zu höheren, ihnen noch ganz neuen. Aber es darf ihnen nicht zu viel zugemutet werden. Sie müssen allmählich weitergeführt werden. Ich habe für sie immer wieder nach den verschiedensten Richtungen hin Anknüpfung zu suchen und Förderung, aber im vollen Bewußtsein, daß die Hauptsache ist, es dahin zu bringen, daß andere Lebensfragen ihnen brennend werden. Aber daneben habe ich vor allem diese Hauptarbeit zu tun: ich muß mit Gottes Hilfe suchen, Gewisen zu erwecken, Herzen zur Bekehrung zu bringen, Seelen zum Frieden zu führen, sie in der Heiligung zu fördern, Geduld im Leiden und Sterbensfreudigkeit zu erzeugen. Dabei ist mehr auf Gewissen und Willen zu wirken, als auf das Gefühl, unter ernster Berücksichtigung der Vernunft.

Ich habe durchaus nicht mich zu predigen, sondern Worte und Gedanken des Glaubens; nicht was ich erfahre, – damit lieber zurückhalten, sondern was ich glaube.

Darum muß ich aufs neue vor jeder Predigt, jedem Gang, jeder Amtshandlung um Glauben bitten – auch ganz ohne Fühlen – und um Frische und Freudigkeit. Auch nur nicht hart werden, sondern im Heiligen Geist wahrhaftig gut bleiben. Am meisten brauche ich Glauben, fröhlichen Glauben an Gott. Glauben an seine Vergebung für jeden Einzelnen, Glauben an seine Mit- und Vorarbeit und Nachwirkung, Glauben an Erfolge, wo ich nichts sehe und höre; Mißtrauen, wo ich höre, aber auch da Glauben und Hinblicken auf Gott, auf Gottes Führung in der Welt, auf Gottes Spuren.

Glauben zu erzielen sei auch das A und O der Predigt und Seelsorge – auch Sündenerkenntnis, aber nur als notwendigste Vorbereitung zum Glauben.

Nur ja nicht immer auf Bekehrung drängen, sondern auch belehrend und tröstend reden, an Leidende und Sterbende, aber auch an Glückliche denkend.

Viel stärker ist in meiner Predigt die Hoffnung zu betonen. Die Predigt soll nicht vom Tod, sondern vom ewigen Leben handeln.

Dreierlei hat den Prediger zu bestimmen: erstens die Begeisterung für die Sache und die Herrlichkeit des zu Verkündigenden, zweitens die Liebe zur Gemeinde, drittens das Bewußtsein: Ich bin vor Gott verantwortlich für jedes Wort. Wehe mir, wenn ich nicht predigte und nicht das, was Gott will."

Was nun den Inhalt seiner Predigten anbetrifft, so meinte er selbst, daß ihm die Festpredigten nicht so lägen. Er schreibt darüber: „Es ist mit dem Predigen merkwürdig, das einemal strömt es einem zu, und das anderemal ist es ein mühsames Ringen, und es will nicht zur Klärung kommen. Das Predigen ist so sehr schwer. Namentlich bin ich noch gar kein Festprediger. Am nächsten liegt es mir, in klaren Umrissen ein seelsorgerisches Problem zu behandeln, besonders zu einer ganz besonderen Art Zweifelnder und Angefochtener zu sprechen, aber nicht in Worten die Stimmung einer Festgemeinde auszudrücken."

Eigentümlich war, wie durch seine Predigten schon das Nahen eines gewaltsamen Todes um des Glaubens Willens klang. Sprach er doch schon Jahre vorher in einer Predigt davon, daß bald auch an uns der heilig ernste Ruf zu Leiden und Sterben ergehen könne. In der Predigt am dritten Advent 1918 über den Text „Sterben wir, so sterben wir dem Herrn", sprach er klar von dem nahenden Märtyrertode. Es hieß darin: „Er, der nun einmal der Herr der Märtyrer ist, braucht das Sterben der Seinen als die kostbarste, fruchtbarste Aussaat seines Reiches; er braucht die Treue bis in den Tod, er braucht furchtbare Todesbewährung, damit es sich vor der Welt als eindruckvollste Tatpredigt erweise, daß die Christen das Gute wirklich um des Guten willen, Christus um Christi willen wollen und nicht um irdischen Glückslohnes willen."

Stark spiegelten seine Predigten die jeweiligen großen Zeitereignisse wider. Ohne politisch zu sein, suchten sie glaubensmutig Evangelium zu verkünden für die erschütternde gewaltige Lebenszeit, die angebrochen war. Angesichts der vielen dunklen Führungen und des großen „Warum?" und „Wie kann Gott solches zulassen?", das immer wieder auftauchen wollte, pries er die Heiligkeit und Unerforschlichkeit des großen verborgenen Gottes, vor dem man sich in Ehrfurcht und Vertrauen zu seiner Weisheit und Liebe beugen müsse auch ohne zu verstehen.

Besonders eindrucksvoll waren wohl seine Bußpredigten. Mit erschütterndem Ernst rief er seiner Gemeinde, ja dem ganzen Baltenlande zu, daß Gott sehr wohl auch mit ihnen ein Ende machen könne, wenn sie nicht umkehrten und Buße täten. Es ergreift einen, wenn man heute die Predigt liest, die er im Anfang des Jahres 1914 hielt, in der er davon redet, daß der drohende Weltkrieg und die sicher darauf folgende Revolution noch abgewendet werden könnten, wenn Gott nur zehn Gerechte fände.

2. Traugott Hahn als Seelsorger

Predigtdienst und Seelsorge gehörten für meinen Mann untrennbar zusammen. In seine eigene Auffassung von der Seelsorge tun wir einen Blick, wenn wir lesen, was er in stiller Stunde für sich selbst darüber niedergeschrieben hat. Es heißt da: „Ich muß suchen, mehr Zeit und Kraft auf die Seelsorge zu verwenden und muß gewiß sein, daß dies der Predigt mehr nützen wird als viele Ausarbeitungen. Das energisch festzuhaltende Ziel jeder Seelsorge ist, die Seelen zur Heilsgewißheit zu führen, sie darin zu erhalten und zu festigen. Nicht nur Erweckungen, nicht nur Anregungen. Ich bin verantwortlich für die Seelen. Eine rechtzeitige Einwirkung könnte eine Verstockung verhindern. In dem Verhältnis dieser Seele zu Gott könnte ich heute gerade einen in Ewigkeit nicht gutzumachenden Schaden, ein Versäumnis, mir zuschulden kommen lassen."

Er war in seiner Seelsorge nicht aggressiv, viel eher zurückhaltend. Mit Fragen nach dem Stand des Glaubens, nach dem innern Leben des andern sich aufzudrängen, das war nicht seine Art. Er wartete ab, und merkwürdig war es, daß die Menschen ihm ihr Innerstes öffneten, auch ohne das. Er erweckte eben ein so unbedingtes Vertrauen. Auch solche, die von der Kirche nichts hielten, und es gewohnt waren, über sie und ihre Anhänger als über rückständige oder fanatische Menschen zu lächeln, nahmen ihm gegenüber eine andere Stellung ein. Der Eindruck der absoluten Lauterkeit seines Wesens und des Übereinstimmens von Glaube und Wandel, zwang ihnen Achtung ab. Er selbst empfand es freilich oft schmerzlich, daß er solchen Menschen nicht mehr geben konnte. Wenn seine Zurückhaltung zum Teil auch durch seine Naturanlage bedingt war, der alle Aufdringlichkeit fernlag, so war sie doch vor allem begründet in der Achtung vor dem persönlichen Leben des anderen, in das man nicht ohne dessen Einwilligung und Wunsch eingreifen kann. Das ließ ihn auch mit soviel Einfühlungsvermögen und Verständnis den oft den seinigen ganz widersprechenden Ansichten Andersdenkender zuhören, und gerade dadurch gewann er mehr Einfluß und mehr Vertrauen bei ihnen, als wenn er sie sofort mit seiner eigenen Meinung niedergeschlagen hätte. Vor allem aber war er überzeugt davon, daß nicht er die Menschen bekehren könne, sondern nur Gott und so wartete er auf die Gelegenheiten, die Gott ihm zeige. Solche Gelegenheiten waren ihm zum Beispiel die Besuche bei Trauernden, die Krankenseelsorge, alle Amtshandlungen, aber auch jede Predigt. Am stärksten aber wirkte seine so ganz im Glauben stehende Persönlichkeit. Kam Hahn in eine Gesellschaft, so brachte er unwillkürlich etwas von dem Ewigkeitsgeiste mit, der ihn erfüllte. Etwas Unreines, Häßliches, Unfreundliches konnte nicht aufkommen in seiner Gegenwart. Auch ging das Gespräch mit ihm wie von selbst gleich auf tiefere Lebensfra-

gen über. Bei seelsorgerlichen Besuchen war das eine große Hilfe für Pastor und Gemeindeglied. Dabei war er ganz natürlich in seiner Art, sich zu geben. Alles Salbungsvolle lag ihm fern, er hatte geradezu Angst davor. Ganz besonders verstand er es, in Briefen die Traurigen und Angefochtenen zu trösten. Ein solcher Brief, der sich an eine durch den Tod ihres Mannes und andere Erlebnisse schwer niedergeschlagenen Witwe richtet, sei hier wiedergegeben: „Zweierlei lassen Sie mich in Gottes Namen sagen und dringend ans Herz legen:
1. Widerstehen Sie der Frage darauf, wie alles so hat kommen können und vor allem, wer an allem diesem schuld ist. Das Sichquälen wegen eventueller Schuld ist eine teuflische Anfechtung. Solchen finsteren Einflüssen dürfen wir auch nicht einen Schritt nachgeben.
2. Suchen Sie auch nicht zuviel zu kämpfen, auch nicht innerlich im Gebet zu ringen, sondern mehr stille zu sein. Suchen Sie im Sinne von „Befiehl Du Deine Wege" alles Gott zu überlassen und auf ihn zu warten. Das müssen wir ja alle tun. Es geht jetzt um die Zukunft der ganzen Menschheit. Da braucht Gott Menschen, die ihm unbedingt vertrauen, auch gegenüber dem Dunkelsten und Schwersten, das doch nicht so finster ist, wie Jesus sein Kreuz in Gethsemane erschien. Und es war doch Gottes größte Liebestat. Lernen wir da auf Golgatha immer wieder glauben, auch an die dunkelste Kreuzesführung. Sagen Sie sich dort: ‚Ich darf Gott auch jetzt vertrauen'. Da wird auch Ihnen und den Ihrigen die volle Sonne wieder aufgehen."

Sehr beschäftigte ihn auch die Frage, wie er mehr an die Männer herankommen könnte, die nicht gerade ablehnend dem Christentum gegenüberstanden, aber doch von ihren Berufspflichten und anderen Aufgaben so stark in Anspruch genommen waren, daß sie der Kirche oft fernblieben. Um auch sie zu erreichen, richtete er in den ersten Jahren seiner Amtstätigkeit in Dorpat eine Art Laienkonferenz ein, das heißt, er lud eine Anzahl Herren aus verschiedensten Berufen von Zeit zu Zeit in sein Pfarrhaus ein, zu einer gemeinsamen Aussprache über bestimmte Themen.

Es wurden u. a. folgende Fragen besprochen: „Das Verhältnis von Religion und Sittlichkeit", „Der Lohngedanke im Evangelium", „Das Ziel des Christentums für den Einzelnen und für die Menschheit", „Der

Glaube an die Unsterblichkeit", „Was kann die Kirche und der Einzelne als Christ tun zur Lösung der sozialen Frage?", „Ist von jedem Menschen eine Bekehrung zu fordern?", „Ist es recht, von einer Missionspflicht jedes Einzelnen zu reden?", „Ist die Lehre von der Inspiration der Bibel, ihre Einzigartigkeit und ihr bleibender Wert aufrechtzuerhalten?", „Welches ist die rechte Toleranz bei Christen?", „Wie stellen wir uns zur Lehre vom sündlichen Verderben der menschlichen Natur, ist der Wille sittlich frei und in welchem Sinne?", „Wie haben wir das Wort Christi in Matth. 10, 32–33, im Vergleich zu Römer 10, 9–10, zu verstehen?", „Welches ist das rechte Verhältnis zwischen Kirche und Staat?"

In allen seelsorgerlichen Fragen war er sich seiner Abhängigkeit von der Gnade Gottes bewußt. Überheblichkeit war seine Sache nicht, wie aus der folgenden Notiz deutlich wird:

„Heute machte ich mehrere Krankenbesuche. Ich machte es mir am Morgen klar, man muß das Zimmer betreten mit Gebet und dem ernsten Vorsatz, den Kranken einen wirklichen Liebesdienst zu leisten, sie zu fördern. Ob es mir heute gegeben wurde? – Ich hatte die beschämende Freude, daß die Baronin S., die sehr gequält war, mir nach kurzer Unterredung zum Abschied sagte: ‚Herr Pastor, Sie treffen immer das rechte Wort.' Ich habe wohl gar nicht diese Empfindung, und es trifft gewiß nicht immer zu. Aber man muß bitten um das rechte befreiende, lösende Wort, in jeder Lage, dann wird es dem selbst Ahnungslosen oft wunderbar gegeben. Das habe ich wohl erfahren. – Freilich, man muß nicht darauf hören, was die Menschen sagen. Oft war das scheinbar falsche Wort in Wirklichkeit das rechte . . . Es ist schwer, den Schlüssel zum Herzen zu finden. Jedes Herz braucht seinen eigenen, um erschlossen zu werden. Ich habe ihn bisweilen monatelang gesucht und ihn bei manchen Kranken überhaupt nicht gefunden. Finden ist Gnade."

3. Der Konfirmandenunterricht

Der Konfirmandenunterricht gehörte zu Traugott Hahns liebsten Arbeiten, aber auch zu den anstrengendsten. „Die Konfirmationszeit ist doch die aufreibendste", schrieb er einmal, „zehn Mädchen auf fürsorgendem und fürbittendem Herzen zu tragen. Zum Schluß liebe ich sie wirklich wie meine eigenen Kinder und sehe sie auch fernerhin mit besonderen Augen an."

Wir erfahren hieraus schon, daß die Zahl der Konfirmanden in der weniger als 1000 Menschen umfassenden Universitätsgemeinde klein war. Das machte ein persönliches Verhältnis möglich. Allerdings wuchs die Zahl der Kinder in späteren Jahren, als in Dorpat so viele Flüchtlinge lebten, mächtig an.

Im Gegensatz zu der in Deutschland üblichen Zeit von ein bis zwei Jahren, dauerte in den baltischen Provinzen die Konfirmandenlehre nur einige Wochen, fand aber dann täglich statt. Auch kamen die jungen Menschen erst mit 16 und 17 Jahren in den Konfirmandenunterricht, der demgemäß keinen ausgesprochen kindlichen Charakter trug. Es handelte sich hier nicht im wesentlichen um Vermittlung von Wissen, biblische Geschichte und Katechismus wurden als bekannt vorausgesetzt, auch das Auswendiglernen von Bibelversen und Liedern überließ man dem Religionsunterricht in der Schule. So konnte sich der Konfirmandenunterricht ganz auf die Hauptsache einstellen, nämlich die Kinder zu einem persönlichen Verhältnis zu Gott und ihrem Heiland zu führen und sie zu bewußten Gliedern ihrer evangelischen Kirche zu machen. In der Universitätsgemeinde handelte es sich größtenteils um Kinder mit höherer Schulbildung. Auch das beeinflußte natürlich die Art des Unterrichtes, der viel voraussetzte. Andererseits entsprach das auch der Eigenart Traugott Hahns, dem es nicht lag, volkstümlich zu sprechen. Er ging immer in die Tiefe, und zwar sowohl in die Tiefe der Probleme hinein, als auch in die Tiefe der Sündenerkenntnis. Besonders in der ersten Zeit überwog bei ihm der Bußton, das Drängen auf eine Entscheidung. Manches mag wohl den Kindern zu schwer gewesen, ihnen auch über die Köpfe hinweggegangen sein, aber eines fühlten sie alle, den heiligen Ernst dieser Stunden, in denen sie vor das Angesicht Gottes gestellt wurden. Das übte eine starke Wirkung auf sie aus, auch wenn sie den Pastor in seiner Tiefe nicht verstanden. Es sind viele unter ihnen, die auf diese Zeit als auf eine entscheidende in ihrem Leben zurückblicken und ihre Konfirmationsnachschriften als einen kostbaren Schatz betrachteten, aus dem sie sich immer wieder Licht und Kraft holten. Auch viele Erwachsene baten Hahn, an dem Unterricht teilnehmen zu dürfen, meist Lehrerinnen und Studenten, Mütter und frühere Konfirmanden, und es mag wohl sein, daß sie, die schon reifer waren, noch mehr aus den Stunden mitnahmen als die Kinder. Nach dem Unterricht stand er in seinem Arbeitszimmer jedem zur Verfügung, der ihn unter vier Augen sprechen wollte. Außerdem hatte er vor der Konfirmation mit jedem Konfirmanden eine seelsorgerliche Aussprache.

Oft wurde der Pastor gebeten, einzelne Kinder für die Zeit des Unterrichts ganz in sein Haus aufzunehmen. Er tat es gerne. Mit diesen Kindern, die neben dem Ernst der Stunden nun auch das fröhliche, glückliche Leben in einem evangelischen Pfarrhaus kennenlernten, entstand ein Freundschaftsverhältnis. Als besonders geeignete Zeit für den Konfirmandenunterricht erwiesen sich die Sommerferien. Der Unterricht fand vor- und nachmittags statt, und abends fand man sich bisweilen zu einem gemütlichen Beisammensein im Pastorat zusammen, und es zeigte sich, wie positiv sich dieses befristete Zusammenleben auswirkte, denn der Konfirmand hatte dadurch die Gelegenheit, mit dem Pastor gemeinsam das in die Tat umzusetzen, was dieser lehrte.

Gleich in den ersten Stunden pflegte Hahn seine Konfirmanden darauf hinzuweisen, daß es mit der Konfirmation eine sehr ernste Sache sei, die eine Gewissensentscheidung fordere, ein bewußtes und ernstgemeintes Sichbekennen zu Gott in Wort und Tat. Einige junge Menschen, die das Christentum von vornherein völlig ablehnten, aber mit der festen Absicht in den Unterricht gekommen waren, die Konfirmation als eine bloße Formsache abzumachen, wurden in ihrem Gewissen gepackt. Hahns stets erneute Forderung zu voller Wahrhaftigkeit und zu notwendiger Entscheidung für oder wider Christus, ließ sie nicht zur Ruhe kommen. Es kam zu ernsten Aussprachen. Er war tief erschüttert durch die Einblicke, die sich ihm in die jungen Menschenseelen eröffneten. Stärker denn je empfand er die Verantwortung, die auf ihm lag. Er schrieb: „Wie kann bei so kritischen und unreifen Kindern eine oberflächlichere Darstellung oder unzutreffende Widerlegung schaden! ... Ich frage mich selbst, ob ich nicht zu sehr modernisiere, zu sehr mich bemühe, Brücken zu bauen? Dann geht gewiß die Kraft des Evangeliums verloren, die ja gerade im Ärgernis liegt ... Wenn ich nur nicht abstoßend gewirkt habe oder auch verwirrend, das echte Christentum verwässernd. Mit Bewußtsein ist es nicht geschehen und doch, wenn ich Pauli Abschiedsworte lese Apg. 20, 25–32, kann ich das auch sagen: ich habe nichts verhalten? . . . Mich beunruhigt, daß mir die eine Mutter sagte, ihre Tochter käme immer sehr angeregt und begeistert von den geistreichen Stunden nach Hause. Das ist keine erwünschte Wirkung. Bin ich am Ende diesesmal wirklich zu geistreich? Ist da zu wenig von der Torheit des Kreuzes? Morgen kommt diese Seite. Gott helfe mir . . . Er gebe seinen Geist. Ich fühle mich so ohnmächtig. Es ist dabei ein tröstlicher Gedanke, daß ich keinen Menschen zum Glauben bringen kann – nur zeugen kann ich, – Gott muß es tun. Er wird es auch tun. Gott allein bekehrt die Menschen . . ."

So sehr Hahn darum rang, die jungen Seelen zu Gott zu führen, so warnte er sie doch eindringlich davor, mit einer Lüge vor den Altar zu treten. Und als zwei von ihnen sich zum Rücktritt entschlossen, da erkannte er darin einen Fortschritt, ein Aufgerütteltsein, ein Erwachen der Sündenerkenntnis. Ja, er konnte einer Konfirmandin, die ihm offen erklärte, daß sie nicht an die Existenz Gottes glaube, sich aber doch um der Menschen willen scheue, zurückzutreten, sagen: „Sie müssen Mut haben, Ihren Glauben zu bekennen. Als Christ sage ich Ihnen das. Christus will nur ganze Bekenner. Und als gewissenhafter Mensch bitte ich Sie: Wenn Sie sich von Gott abwenden, dann gründlich, und setzen Sie an das neue Ideal, das Sie ergreifen – und ergreifen Sie vor allem ein solches! – alle Kraft, die ganze Persönlichkeit. Dann werden Sie schon einst zu Gott kommen. Spielen Sie nur nicht. Es gibt verschiedenes Irren. Ein dilettierendes Zweifeln und spielendes Grübeln, das ist der Weg des verlorenen Sohnes. Er geht zugrunde. Und die andern wenden sich auch von Gott ab und verlieren ihn. Sie versuchen, ohne ihn durchzukommen, aber als ganze Menschen, sie setzen alle Kraft an dieses Streben. Wer so die Wahrheit tut, der kommt schließlich an das Licht, dessen bin ich gewiß."

Es ist verständlich, daß diese Fälle Aufsehen und zum Teil Empörung erregten, und daß Traugott Hahn seitdem in manchen Kreisen für einen gefährlichen Mann galt, dessen Gewissensernst unbequem wurde. Die Angehörigen der Zurückgetretenen stellten sich im ganzen durchaus verständnisvoll. Als Hahn von einer Seite aber doch bestürmt wurde, der Familie das nicht anzutun und seinerseits zur

Konfirmation zu überreden, da antwortete er sehr ernst, ihm stünde zweierlei höher, das wirkliche Seelenheil der Kinder und die Ehre seiner Kirche. Die Kinder dürften nicht den Eindruck empfangen, als wären die heiligen Handlungen der Kirche nur leere Zeremonien und Sitten, die man mitmachen müsse und könne, ohne innere Zustimmung. Der Herzpunkt seines Konfirmandenunterrichts war das Wort: „Laßt uns Ihn lieben, denn Er hat uns zuerst geliebt."

4. Einblicke in die wissenschaftliche Arbeit

Im Frühjahr 1907 wurde die theologische Fakultät von einem Todesfall betroffen, der in ganz Dorpat die größte Teilnahme erweckte. Der Professor für praktische Theologie, Wilhelm Bergmann starb als junger Ehemann an Typhus.

Zu Anfang des Jahres 1908 wählte die theologische Fakultät Traugott Hahn zu Bergmanns Nachfolger. Nur eine Stimme war dagegen, es war die von Professor Kwacala. Zum zweitenmal kreuzte diese dunkle Gestalt Traugott Hahns Weg. Aber dieses Mal hatte Kwacala leichteres Spiel, denn nach den damaligen Bestimmungen hatte die Fakultät nur das Vorschlagsrecht; die eigentliche Wahl hatte vom Senat, d. h. die Gesamtheit der Professoren aller Fakultäten, zu erfolgen und mußte dann noch vom Ministerium in Petersburg bestätigt werden. In der Regel pflegte der Senat einfach den von der Fakultät aufgestellten Kandidaten zu wählen. Dieses Mal gelang es Kwacala, die Mehrzahl der Professoren, von denen die meisten Russen waren und gar kein Interesse an der evangelischen Kirche hatten, für seine Pläne zu gewinnen, nämlich diesen Lehrstuhl nicht wieder mit einem Deutschen, sondern mit einem Esten, Letten oder Polen zu besetzen. Er scheute dabei vor keinem Mittel zurück, um seine Interessen durchzusetzen. Er versuchte ihn als wissenschaftlich minderwertig hinzustellen oder als liberalen Theologen, vor dem man die Jugend bewahren müsse, ja, er setzte eine Schrift gegen ihn auf, die derartig war, daß der Abschreiber nachher sagte, er hätte sich geschämt, sie abzuschreiben.

Es war keine leichte Zeit für Traugott Hahn, zumal Kwacala es verstand, die Wahl immer wieder hinauszuschieben, um noch mehr Zeit für seine Propaganda zu gewinnen. Als endlich der Tag der Wahl kam, dem alle, die ein Interesse an dem Wohl der theologischen Fakultät nahmen, mit größter Spannung entgegensahen, da hatte Traugott Hahn drei Stimmen zu wenig. Professor Kwacala hatte sein Ziel erreicht! Die Aufregung der Studenten, besonders der Theologen, war groß. Auch für Traugott Hahn war es eine herbe Enttäuschung. Doch hielt er sich an das Wort aus Römer 8, 32 und nahm diesen Ausgang gefaßt, als auch aus Gottes Hand kommend.

Mit um so größerem Eifer widmete er sich jetzt seiner wissenschaftlichen Arbeit, die ihn schon lange beschäftigte. Schon im Herbst desselben Jahres erschien sein Buch über „Evangelisation und Gemeinschaftspflege (mit besonderer Berücksichtigung der lutherischen Kirche Rußlands)", das ihm neben mancher anderen Anerkennung den D. theol. aus Rostock einbrachte. Er setzte sich in diesem Werk für die Evangelisation und Gemeinschaftspflege ein, die beide in der evangelisch-lutherischen Kirche Rußlands noch auf große Vorurteile stießen. Eine der ersten kirchlichen Evangelisationen hielt bald darauf in Moskau sein Vater.

Ein Jahr war vergangen. Der Lehrstuhl der praktischen Theologie stand noch frei, und man wußte noch immer nicht, was die russische Regierung, die ja das letzte Wort hatte, in dieser Sache beschließen würde, da kam an einem strahlenden Frühlingstag, es war gerade Sonntag Morgen, die Nachricht, daß der Minister der Volksaufklärung Traugott Hahn zum Professor für praktische Theologie ernannt habe. Das war für ihn eine unerwartete Wende. So wenig man sonst eine Ernennung von oben her zu schätzen pflegte, so lag dieses Mal die Sache doch anders, da die Regierung hiermit ja den von der Fakultät ursprünglich gewählten Kandidaten bestätigte, der nur einer Intrige zum Opfer gefallen war.

Für Traugott Hahn bedeutete die Wahl zum Professor eine große Erweiterung seiner Arbeit und seines Wirkens. Die Vorlesung forderte ein ständiges Weiterarbeiten auf dem Gebiet der Wissenschaft. Er machte es sich zur Aufgabe, die praktische Theologie, die er als das Stiefkind unter den Disziplinen bezeichnete, zu heben, und arbeitete seine Vorlesung von Jahr zu Jahr um. Besonders baute er die „Innere

Mission" und die „Äußere Mission" aus und suchte bei den Studenten den Sinn hierfür zu wecken.

Das Doppelamt von Pastor und Professor wirkte befruchtend aufeinander. Als Pastor brachte er die persönliche Erfahrung in seine Aufzeichnungen mit hinein, die der Vorbereitung der jungen Theologen fürs Amt zugute kam. Auch für die Liturgie verstand er in besonderem Maße das Interesse zu wecken, war er doch durch Jahre hindurch in einer vom livländischen Konsistorium erwählten Kommission zur Umgestaltung der Liturgie tätig. Seine ganze wissenschaftliche Arbeit aber stand in erster Linie unter dem Bewußtsein der Verantwortung, daß es gelte, rechte Streiter Christi heranzubilden – die Zukunft der Kirche. Und nicht nur rechte Pastoren wollte er aus seinen jungen Theologen machen, sondern auch rechte Religionslehrer. Für ganz besonders wichtig hielt er diesen Beruf und beklagte es tief, daß so viel unfähige Leute dieses so wichtige Amt übernähmen. Der stellvertretende Generalsuperintendent Krause, der in den Kriegsjahren die Aufgabe hatte, den von den Studenten beim Schlußexamen einzureichenden Lebenslauf durchzulesen, erzählte nach dem Tode Hahns, daß fast alle Studenten darin bezeugt hätten, welch einen entscheidenden Einfluß er auf ihr inneres Leben gehabt hätte, sowohl durch die Vorlesungen wie durch seine Predigten und ganz besonders durch seine Persönlichkeit.

Auch den persönlichen Umgang mit den Studenten pflegte er, soweit ihm das zeitlich möglich war. Zweimal im Monat fanden offene Abende für Studenten in unserem Pfarrhause statt, zu denen sich auch Nichttheologen einfanden.

Die Zeit des Studiums war für viele prägend. Ein Schüler Hahns erinnert sich: „Der größte Wert der Vorlesungen schien mir darin zu liegen, daß sie in allem bestrebt waren, uns nicht nur mit Kenntnissen auszurüsten, sondern uns den Pastorenberuf groß und heilig zu machen, uns das Gewissen zu schärfen, uns die ganze Last der Verantwortung vor Augen zu stellen und dann doch wieder uns Mut zu machen im Vertrauen auf den, der die Arbeiter in seine Ernte ruft, ins Amt zu treten und das Amt zu führen als Knechte Christi.

Im homiletischen Praktikum, wo meist die letzte Studentenpredigt besprochen und eine Katechese vorgetragen wurde, bot Professor Hahn vielleicht noch mehr als in den Vorlesungen. Obgleich es uns an Reife fehlte und wir es meist versäumten, uns jedesmal zum Praktikum durch Bearbeitung des Textes vorzubereiten, nahm man doch jedesmal sehr viel mit. Der mit Arbeit überhäufte Professor war selbst immer aufs gewissenhafteste vorbereitet, und es entstand auch dann keine Lücke in der Arbeit des Praktikums, wenn der studentische Predigtkritiker ziemlich versagte, die Katechese unvorhergesehenerweise ausfiel und das Auditorium nichts zur Bereicherung des Gedankenaustausches vorzubringen wußte. Sachlich waren die kritischen Äußerungen Professor Hahns recht streng, und wenn auch direkt nicht viel gerügt wurde, so zeigte doch später indirekt die Fülle dessen, was der Professor selbst aus dem Text herausholte, wie dürftig und einseitig meist die Studentenpredigt war, an der öfter durch Wochen unter Heranziehung zahlreicher Kommentare gearbeitet wurde. Aber nie brauchte Professor Hahn bei der Kritik einen scharfen oder sarkastischen Ausdruck, der verletzend oder entmutigend hätte wirken können. Seine wohlwollende Mäßigung und Milde bot hierin ein notwendiges Gegengewicht gegen die kritischen Äußerungen der Kommilitonen.

Nach dem homiletischen Praktikum wurde der Student, der die Predigt beziehungsweise die Katechese gehalten hatte, und sein Kritiker zum Mittag beim Professor eingeladen, und da fand er Gelegenheit, in seiner freundlichen, liebevollen Art das für den zunächstbeteiligten Studenten meist recht aufreibende und demütigende Erlebnis zu einem harmonischen Ausklingen zu bringen. Weil Professor Hahn in seiner Kritik nie verletzte, so beengte seine Gegenwart den predigenden oder vortragenden Studenten wohl meist weniger als die Gegenwart der Kommilitonen.

Als Beirat bei den wissenschaftlichen Abenden im Theologischen Verein bewies Professor Hahn außer der seltenen Fülle vielseitigsten Wissens, mit dem er aber nie glänzte, eine ungewöhnliche Objektivität. Nie identifizierte er sich mit irgendeinem theologischen Parteistandpunkt, sondern betonte die Wahrheitsmomente, die in jeder der zur Sprache kommenden Anschauungen und Möglichkeiten vorhanden waren.

Zu Vereinsfeiern im Theologischen Verein war er stets gern gesehen. Er war im großen geselligen Kreise wohl nur selten der Wortführer, aber man sah es ihm an, daß er trotz des tiefen Ernstes, der seine ganze Persönlichkeit beherrschte, doch in seiner Art mit den Jungen jung sein konnte. In der Mainacht habe ich Professor Hahn durchs Feuer springen sehen. Er wollte in harmlosen Dingen kein Spielverderber sein. Andererseits wirkte seine Gegenwart schon an sich so, daß in allem, trotz festlich ausgelassener Stimmung, Maß gehalten wurde. Hahn war übrigens Abstinenzler – unter den damaligen Fakultätsgliedern der einzige. Unter seinem Einfluß hat es im Theologischen Verein immer einige energische Vorkämpfer der Abstinenz gegeben, die von nicht zu unterschätzendem Einfluß auf die Geselligkeit im Theologischen Verein waren.

Theologiestudierende, die sich in Geldverlegenheit befanden, wandten sich oft an Professor Hahn und taten wohl selten eine Fehlbitte, obgleich er es selbst, zumal in den schweren Kriegszeiten, knapp genug gehabt haben mag. Ein Kommilitone, der mitunter recht leichtsinnig Geld ausgab, hatte auch eine kleine Summe von Hahn geliehen. Als er sie nach geraumer Zeit zurückerstattete, nahm Hahn das Geld nicht an. Er könne und wolle das Geld nicht zurücknehmen, weil er wisse, daß der Vater des betreffenden Studenten, ein Amtsbruder, es pekuniär schwer habe. Das wirkte auf den Studenten beschämender und eindringlicher, als es eine gründliche Vermahnung vermochte hätte."

EHE UND FAMILIENLEBEN

„Wo du hingehst, da will ich auch hingehen, wo du bleibst, da bleibe ich auch. Dein Volk ist mein Volk, dein Gott ist mein Gott. Wo du stirbst, da sterbe ich auch, da will ich auch begraben werden. Der Herr tue mir dies und das, der Tod muß uns scheiden."
Im Anschluß an diese Worte sagte Traugott Hahn einmal zu einem Brautpaar: „Die Ehe will die Hochschule treuer Liebe sein. Treue Liebe und liebende Treue müßt Ihr haben, wollt Ihr glücklich sein, eine Treue, die durch und durch innige starke Liebe ist..."
Hierin lag auch das Geheimnis unseres Glücks. Gott hatte uns eine große Liebe zueinander gegeben, aber sie war ein Geschenk von Ihm, das wußten wir beide, und so ruhte unsere Liebe nicht nur auf dem unsicheren Grund des natürlichen Wohlgefallens, sondern war festverankert in der einen großen Liebe zu Gott, dem wir gemeinsam dienen wollten. So eng wir miteinander zusammenwuchsen und alles teilten, jeder von uns behielt doch sein Allerheiligstes, in dem er allein war mit seinem Gott. In diesem Sinne konnte Traugott mir schreiben: „Es ist mir eine unaussprechliche Freude zu wissen, daß ich in Deinem Leben stets Nummer 2 sein werde. Viele könnten das gar nicht verstehen. Aber Du verstehst es, daß sich gerade darin die Größe und Tiefe, der von Gott aus Gnaden geschenkte Ewigkeitscharakter und damit die Unzerstörbarkeit unserer Liebe ausspricht."
Wenn ich hier etwas von unserem privaten Leben erzählen will, so tue ich es, weil die Ehe zweifellos eine große Bedeutung für die Entwicklung eines Menschen hat, andererseits man ihn erst in seinem Haus ganz kennenlernt. Ich bin der Überzeugung, daß das Herdfeuer eines glücklichen Heims, wie es das unsere in so reichem Maße war, nicht nur sich selbst, sondern auch anderen leuchten und sie erwärmen soll.
Eng war unsere Ehe verknüpft mit dem Beruf des Pastors, der uns nicht erlaubte, nur uns selbst und unserem Glücke zu leben. Daher beschäftigte mein Mann in der Verlobungszeit häufig die Frage, wie sich

sein Beruf, in dem er bisher ganz aufgegangen war, mit der Ehe vertragen würde: „Jede andere wäre unglücklich gewesen über meine Hingabe an meinen Beruf", schrieb er mir. „Dir aber traue ich es zu, Du wirst sie mit mir teilen und mit mir in derselben Hingabe glücklich sein . . .

Ich will es gar nicht zugeben, daß Du Dich neben meinem Beruf in den Schatten stellen mußt. Nein, teilnehmen sollst Du daran. Und hast Du nicht nach dem, was ich Dir über meine Konfirmanden schrieb, den Eindruck, da kannst Du teilnehmen, ermutigend, warnend, mitfühlend, mitbetend . . . Nicht wahr, gerade solche Erfahrungen zeigen die Eigenart unseres Berufes, auf die Seelen, mit denen wir in Berührung kommen, heilend, weckend, aufrüttelnd, festigend einzuwirken, sie zu einem höheren Dasein anzuregen. Immer dieselbe schlichte stille Arbeit und doch bei jeder Seele verschieden. Gewiß, sie kann nur mit Liebe und Hingebung geleistet werden, sie zehrt am Menschen. Aber gerade darum brauche ich ein eigenes Leben für mich – ein eigenes Glück. Wie habe ich mich gesehnt nach den halben Stunden im Laufe des Tages, wo ich in der Liebe ausruhen kann! Gerade solch eine etwas kantisch angelegte gesetzliche Pflichtnatur braucht es, soll sie nicht verkümmern. Wenn Du energisch Deine Rechte gegenüber dem Berufe wahrst, erfüllst Du nur Deine Pflicht als Ehefrau und kannst sicher sein, es kommt dem Berufe zugute . . . Auch ich will nichts Pastorales haben. Einfache liebevolle Menschen wollen wir beide sein, das ist unser nächster Beruf . . ."

Diese Zeilen waren eine Antwort auf ein gewisses Bangen, das ich als Braut hegte, ob es mir gelingen würde, als Pfarrfrau meinem Mann eine rechte Gehilfin zu werden und vor allem niemals durch persönliche Ansprüche hindernd zwischen ihn und seine Berufspflichten zu treten. Bald durfte ich es erfahren, daß in wenigen anderen Berufen die Möglichkeit zum Zusammengehen und Zusammenarbeiten von Mann und Frau in so schöner Weise gegeben ist wie in dem des Pastors.

Denke ich allein an die Bedeutung des Pfarrhauses, welch ein Bindeglied es zwischen Pfarrer und Gemeinde sein kann, wenn jedes Gemeindeglied weiß, daß es dort warme Herzen voll Teilnahme findet für all seine Sorgen und Freuden, dann kommt bei der Rückschau freilich vor allem ernste Bußstimmung über mich, und viele Unterlassungssünden tauchen auf. Aber Traugott verstand es, mich an seiner Arbeit teilnehmen zu lassen. Ausgenommen Amts- und Beichtgeheimnisse, besprach er alles mit mir, was sein Amt mit sich brachte. Fühlte ich das Unzureichende meines Urteils, so versicherte er mir oft, daß ihm gerade an meiner ganz laienhaften, unmittelbaren Meinungsäußerung mehr läge, als an einem theologisch geschulten Urteil, da sie mehr dem der Gemeinde entspräche, die ja auch nicht aus lauter Theologen bestünde. Auch erzählte er mir dann, wie seine Mutter früher oft nach einer Predigt gesagt hätte: „Dies und das ist falsch, unklar, ungesund." Fragte er sie aber: „Ja, was soll ich dann aber sagen?" so lautete stets die Antwort: „Das mußt du selber finden, das kann ich dir nicht sagen." Und doch sei ihm das schon eine große Hilfe gewesen. Als ich einmal abwesend war, schrieb er mir: „Wie fehltest Du mir gestern abend bei der Predigtvorbereitung, heute in der Kirche und jetzt am Sonntag nachmittag. Ist es unrecht, wenn ich traurig bin, wenn Du nicht in der Kirche gewesen und mich nicht kritisierst? . . . Du kannst gar nicht kritisch genug gegen mich sein. Je mehr Du es bist, desto lieber bist Du mir."

Da es mir anfangs noch ganz ungewohnt war, die biblischen Probleme auch von der wissenschaftlichen Seite beleuchtet zu sehen, so berührte mich manches in Traugotts Auffassung fremd, bis ich merkte, daß er trotzdem ganz auf dem alten Bibelgrunde stand. Wir waren zeitweise recht verschiedener Meinung, und jeder von uns vertrat die seine mit Überzeugung und mit Feuer, aber mit dem dringenden Wunsch, eine Einigung zu erzielen. Nach einem solch kleinen Streit schrieb Traugott mir einmal: „Verstehst Du mich, wenn ich sage, daß es mich freut, wenn Du manchmal anderer Meinung bist als ich. Ich will ja eine selbständige, mit mir aber auch neben mir alles prüfende und überlegende Frau . . . Zwei Menschen, die sich in allen Hauptsachen so eins wissen und fühlen wie ich mit Dir, brauchen kleine Differenzen nicht zu fürchten. Ich muß an so viele köstliche Zwiste zwischen Papa und Mama denken. Ersterer immer schroff geistlich urteilend und Mama menschlich, allzu menschlich, und doch war es sehr gut . . ."

Und ein anderes Mal bei ähnlicher Gelegenheit: „Wir verstehen uns immer, auch wenn wir uns nicht verstehen. Und nicht wahr, wenn wir uns nur verstehen, dann ist es wunderschön, daß nicht Einerleiheit bei uns ist, sondern Verschiedenheit, auch solche, die keiner von uns beiden ohne weiteres aufgibt. So wird es nie langweilig werden und immer einen herrlichen Bund der Ergänzung geben. Du mehr für Natur, ich mehr für Geist, beides für sich einseitig, zusammen herrlich ... So wie Du versteht mich doch keiner ..."

Eine schöne Gelegenheit zu eingehender Aussprache über alles, was uns bewegte, bot unser fast regelmäßiger Spaziergang nach Techelfer gleich nach Tisch. Von unserem Pfarrhaus aus führte der Weg durch die schattigen Domanlagen in zehn Minuten zur Stadt hinaus. Eine echt livländische Landschaft mit Feldern und Wiesen dehnte sich dann vor uns aus, durch die sich der Embach wie ein silbernes Band zog. Es war eine Erholung und Erquickung für uns beide, mitten aus der Arbeit auf eine halbe Stunde hier hinauszuwandern bei jedem Wetter, im Winter bei Eis und Schnee, im Frühling unter dem lichten Grün der Birken, in denen die Nachtigallen schlugen. Abends, wenn Traugott nicht durch Sitzungen abwesend war, saßen wir im Schein der Lampe in seinem Studierzimmer, er meist vertieft in seine Vorlesungen oder in seine Predigt, während ich ihm allerlei Schreibereien abnehmen konnte, die er als große Last empfand, zumal, wenn sie rein formaler Natur waren. Manchesmal gab er mir auch seine Predigten und Reden zum Abschreiben, die er in seinen eigenen stenografischen Kürzungen niedergeschrieben hatte, eine Schrift, die nur ihm und mir leserlich war. Auch suchten wir zusammen Texte aus oder die Sprüche für die Konfirmanden und manches andere. Nur selten, meist nur in Zeiten der Krankheit und in den Ferien, die eine Ausspannung aus der Arbeit mit sich brachten, konnten wir ein gutes Buch miteinander lesen. Das war jedesmal ein besonderer Genuß. Traugott las dann gerne etwas Nichttheologisches, einen guten Roman oder Sachen, die zum Widerspruch reizten, nur mußten sie einen großen starken Gedanken haben.

Da er mich so stark für sich in Anspruch nahm, so mußte ich auch stets Zeit für ihn haben und durfte mich nicht in ausschließlicher Weise dem Haushalt widmen. „Diese Arbeiten können andere gerade so gut machen wie du", pflegte er dann zu sagen, „aber mir in meinem Berufe helfen, das kann niemand anders." Wir waren allerdings in der glücklichen Lage, meist gute und tüchtige Dienstboten zu haben, mit denen uns ein herzliches Verhältnis verband. Niemals habe ich Traugott ungeduldig gegen sie gesehen, er war immer freundlich, und obgleich er das Estnische nur mangelhaft beherrschte, ließ er es sich nicht nehmen, ihnen täglich die Abendandacht in estnischer Sprache zu halten. Er mochte es auch nicht leiden, daß ich um häuslicher Pflichten willen einem Gottesdienst fernblieb, Gottes Wort und Kirche sollten obenanstehen, sagte er, alles andere war zweitrangig. Ich lernte es daher bald, mich mit der Arbeit so einzurichten, daß sowohl unsere Mädchen wie ich regelmäßig zur Kirche gehen konnten. Einmal, als ich wegen einer Fahrt aufs Land um Rat fragte, die auf den Sonntag geplant war, antwortete er mir: „Ich bin gegen Sonntagsfahrten, einmal des Kutschers wegen und dann, weil es der Tag des Gemeindegottesdienstes ist und jeder Christ die Pflicht hat, sich möglichst zu beteiligen. Natürlich darf es kein äußerliches Gesetz werden."

Wir lebten sehr schlicht. Traugott war für seine eigene Person ungeheuer anspruchslos. Dabei konnte er sich kindlich freuen über einen neuen Anzug oder über ein gutes Gericht. „Danke für das herrliche Mahl", sagte er oft mit großer Wonne, wenn wir von einem ganz einfachen Mittagessen aufstanden. Dem Gelde gegenüber war er sehr unabhängig. Wenn Gott ihm die Hände füllte, freute er sich, andern damit helfen zu können, daher war sein eigener Beutel oft leer. Doch machte er sich darüber keine Sorgen. In Geldsachen nannte er sich selbst spottend „einen armen Unmündigen". Aber es ging ihm nach dem Wort: „Trachtet am ersten nach dem Reiche Gottes und nach seiner Gerechtigkeit, so wird euch solches alles zufallen." So viel wie wir brauchten, war stets vorhanden.

Unsere Ehe war eine wunderbare Gemeinschaft, in der jeder bemüht war, den andern glücklich zu machen.

Einmal schilderte mein Mann die eheliche Liebe als den Drang, den andern zu beglücken, ihn mit kleinen und großen Freuden zu umgeben, ihm ein Sonnenschein zu sein, aber in heiliger Wahrhaftigkeit zueinander, und zwar in zarter, geduldiger Wahrhaftigkeit, die alles Gute im andern weckt und zum Wachstum bringt. Wie sehr Traugott diese Kunst des Beglückens verstand, bestätigt ein Brief, den ich, nachdem wir schon eine Reihe von Jahren verheiratet waren, einem kranken an den Rollstuhl gefesselten Gemeindeglied schrieb, das innigen Anteil an unserem Glücke nahm: „Wie schön dieser Sommer für uns war, das kann ich Dir gar nicht in Worten beschreiben, ebenso wie ich niemand sagen kann, wie das ist, wenn man so unendlich glücklich ist in seiner Ehe, daß man sich von Tag zu Tag, von Jahr zu Jahr mehr bedeutet, mehr liebt, mehr gibt ... Gewiß hat mein Mann auch Fehler, aber er ist so durch und durch ein Christ dabei, der gegen alles Alte in sich kämpft und sich immer wieder voll und ganz dem Geiste Gottes öffnet, und dabei ist er so unbeschreiblich zart in seiner Liebe. Nein, ich glaube, ich habe genug gesagt. Du lachst mich am Ende aus, daß ich so über meinen eigenen Mann schreibe."

Von Anfang an standen Traugott und ich in voller Offenheit zueinander und mit dem Bedürfnis, uns alles zu sagen, auch unsere Sünden. „Es ist etwas Großes", sagte er zu mir, „jemand zu haben, dem man alles nicht nur sagen darf, nein auch sagen muß." Als er mir einmal etwas gebeichtet hatte, was sein Gewissen drückte, schrieb er mir: „Warum schreibe ich Dir das? Weil ich will, daß du jeden Winkel meines Herzens kennen sollst."

Es kam manchmal vor, daß Traugott mit seinem zarten Schuldgefühl mich abends um Verzeihung bat wegen einer inneren Ungeduld, die ich nicht einmal bemerkt hatte. Gemeinsam brachten wir stets alles vor Gott, was uns bewegte. Dieses Einssein im Tiefsten, verbunden mit der gegenseitigen vollen Offenheit, schuf zwischen uns dieses völlige Vertrauen, das mit das Schönste ist in dem Verhältnis zweier Menschen. „Die Ehe ist mehr als Freundschaft – eins sein!" schrieb Traugott mir einmal, und daß es so war, empfanden wir beide mit tiefstem Dank. Zeiten der Trennung, wie sie manchmal im Sommer vorkamen, wo ich der Kinder wegen früher aufs Land zog, empfand Traugott jedesmal so schwer, daß er tief darunter litt. Doch suchte er auch ihnen etwas Gutes abzugewinnen und sie als eine heilsame Erziehung anzusehen. „Ich glaube, solche Zeiten sind auch nötig, um uns etwas in der inneren Unabhängigkeit zu üben", sagte er.

Wenn ich jetzt seine Briefe durchsehe, so finde ich, daß er bei jeder längeren Trennung mit dem Gedanken gerungen hat, wie er es ertragen sollte, wenn Gott ihn einmal Witwer werden ließe ...

Im Herbst 1918, zwei Monate vor seinem Tode, schrieb er einem Vetter, der seine Frau verloren hatte: „Mit schmerzlich ahnendem Mitgefühl und in der Fürbitte habe ich Ihrer gedacht. Für mich ist es ein so unfaßlicher Gedanke, Anny herzugeben, und ich weiß wirklich nicht, wie ich weiterleben sollte. Ich bin ja gewiß, daß nach Psalm 73, 23: ‚Wenn ich nur Dich habe, so frage ich nichts nach Himmel und Erde' wie nach dem Christuswort Johannes 14, 18–19 es möglich werden müßte. Aber das Wie? mir vorzustellen, vermag ich schlechterdings nicht. So ahne ich denn, vor solchem Dunkel bebend, was es für ein finsteres Tal ist, durch das Sie jetzt geführt werden, hoffe aber doch, daß es Ihnen dabei nach Psalm 23, 3–4 ergeht." Dieses dunkle Tal des Alleinbleibens wurde Traugott erspart.

Unser Glück wurde noch größer, als Kinderstimmen unser Haus belebten. Vier Kinder hat Gott uns geschenkt, und jedes war eine Quelle neuer Freuden. Traugott, der schon immer Kinder sehr liebte, war ein rührender Vater. Von der Stunde der Geburt an war er voll Entzücken über diesen kleinen Menschen, der da in den Windeln lag und nun sein Kind war. Ich sehe ihn noch vor mir, wie er sein erstes Kind in den Armen hielt und es mit dem Ausdruck innigster Zärtlichkeit immer wieder sein eigenes kleines Töchterchen nannte. Zu allen kleinen Hilfeleistungen war er stets bereit, und wenn die Kleinen einmal krank waren, opferte er ohne weiteres seine Nachtruhe, um sie mit rührender Geduld in den Schlaf zu singen.

Wenn er müde nach Hause kam, und die Kinder ihm jubelnd entgegensprangen, erhellte sich sein ernstes Gesicht. Auch fand er mitten in der angespannten Arbeit stets Zeit für sie. Ich erinnere mich, wie unsere damals vierjährige Älteste regelmäßig beim Frühstück neben ihm saß und er ihr Tag für Tag mit der größten Ausführlichkeit erzählte, wie es zu ihrem Geburtstag sein werde. Als dann der große Tag kam, waren wir in einiger Verlegenheit, da das Programm, das schon um sieben Uhr morgens mit einem Ständchen anfing, nun ja genau eingehalten werden mußte. In der Advents- und Weihnachtszeit versäumte er es nicht, jeden Abend mit seinen Kindern die schönen Adventslieder zu singen. Ein Gemeindeglied, das einmal unerwartet in sein Studierzimmer eintrat, sagte, es werde nie das liebliche Bild vergessen, wie der Vater mit seinen Kindern auf dem Schoße am Adventsbäumchen saß und mit ihnen sang. Auch bei den längsten Liedern mußten stets alle Verse von Anfang bis zu Ende gesungen werden, und er sang sie mit tiefer Andacht. Sein Lieblingslied war: Kommt und laßt uns Christum ehren.

Besonders schön waren unsere Sommerferien, die auch für Traugott als Universitätspastor zwei Monate dauerten. Hier genoß er es einmal, Zeit für das Familienleben zu haben und ein Kind mit seinen Kindern zu sein. An ihrem Staunen und Entzücken über Tiere und Pflanzen konnte er sich selbst freuen wie ein Kind. Einmal riefen ihn die Kinder herbei, um junge Kätzchen zu besehen, da kletterte er mit ihnen auf einer Leiter einen Heuboden hinauf, das Jüngste auf den Arm nehmend, damit es auch die Freude hätte. Oben angekommen, brach der Boden unter ihm zusammen und alle miteinander fielen hinunter, zum Glück in weiches Heu. Nur das Kleinste saß, wie durch ein Wunder unversehrt, oben am Rand des Abgrundes.

In der Erziehung war Traugott sehr milde. Es war ihm jedesmal eine schwere Überwindung, seine Kinder zu strafen. Doch wirkte seine große Güte und der Ernst, mit dem er den Verstockten ins Gewissen reden konnte, oft mehr als Strenge. Einst hatte er sich, was sehr selten vorkam, beim Strafen zur Heftigkeit hinreißen lassen, und obgleich die Strafe eine wohlverdiente war, so fühlte er sich doch im Gewissen gedrungen, das betreffende Kind wegen seiner Heftigkeit um Verzeihung zu bitten. Dieses offene Zugeben eines Unrechtes machte einen nachhaltigeren Eindruck auf die Kinder als viele Strafpredigten und vertiefte nur die Liebe und das Vertrauen zu ihrem Vater. Sein größtes Anliegen war es, seine Kinder dem Heilande zuzuführen. In wunderbar schlichter Weise verstand er es, ihnen die biblischen Geschichten zu erzählen; aber auch hier ging die stärkste Kraft von seiner Persönlichkeit aus, die ganz im Glauben und in der Liebe wurzelte. Ihm selbst war es ein stets neues wunderbares Erlebnis zu sehen, wie kindlich einfach Kinder die tiefsten Wahrheiten finden, und seine Kindergottesdienste waren befruchtet von diesen Erfahrungen im eigenen Hause. Auch die Kirche verstand er seinen Kindern so lieb und heilig zu machen, daß es keine größere Freude und Ehre für sie gab, als ihn dorthin begleiten zu dürfen.

DIE ERSTEN KRIEGSJAHRE

Eine gewaltige Wendung in unser aller Leben trat ein, als im Jahre 1914 der erste Weltkrieg ausbrach. Wir waren damals in der Sommerfrische, mitten in Livland, im reizenden Grünau, wo wir an den Ufern des Flüßchens Woo ein kleines Landhäuschen am Waldrand bewohnten. Von dort aus machte Traugott mit mir den schon lange geplanten Ausflug nach Rauge, wo er seine Kindheit verbracht hatte. Voll Entzücken streiften wir miteinander durch die schönen Hügel und Wälder, zwischen denen die vielen kleinen Seen wie blaue Augen hervorblinkten. Wir nahmen uns fest vor, in den nächsten Jahren mit den Kindern eine Wanderung dorthin zu machen, um auch ihnen das Kinderparadies ihres Vaters zu zeigen. Wie anders sollte alles kommen.

Eine glühende Hitze und drückende Gewitterschwüle herrschte in diesem Sommer. Sie hielt durch Wochen an und lag wie ein Alp auf uns allen, besonders aber auf Traugott, der oft wie unter einem schweren Druck stand. Da drang durchs Telefon die Nachricht von der Ermordung des Erzherzogs Ferdinand in Sarajevo bis in unsern stillen Winkel und einige Zeit darauf die Nachricht von Kriegsgefahr und Mobilisierung. Sofort traten wir die Rückreise nach Dorpat an. Unterwegs merkte man überall Unruhe und Aufregung. Die einberufenen Männer eilten in die Stadt, die Bauern mußten ihre Pferde abliefern, jeder sprach nur vom drohenden Krieg. Auch unsere Fahrt durchs Land, die wir zum größten Teil im offenen Postwagen zurücklegen mußten, gestaltete sich recht abenteuerlich. Traugott hatte eines seelsorgerlichen Besuches wegen sich unterwegs von uns getrennt und einen Umweg gemacht. Auf der Eisenbahnstation sollten wir uns wieder treffen. Aber vergeblich schaute er am Abend dieses Tages von dort nach uns aus. Schließlich mußte er, als der Zug kam, allein die Reise nach Dorpat antreten, in größter Sorge um seine verschwundene Familie.

Ich war unterdessen mit den Kindern auf der Fahrt von einem fürchterlichen Gewitter überrascht worden. Ein wolkenbruchartiger Regen durchnäßte uns alle bis auf die Haut, die Blitze schlugen rechts und links ein, die Pferde scheuten vor dem furchtbaren Getöse des Donners und wollten nicht weiter. Wir mußten dankbar sein, in einem nahegelegenen Haus eine Unterkunft zu finden, wo wir die Nacht verbringen konnten. Erst am andern Morgen gelang es mir, neue Postpferde aufzutreiben, und nun konnten wir die Weiterreise antreten. Als wir endlich in Dorpat angelangt waren, atmete Traugott erleichtert auf, als er die verloren geglaubten Seinen wiederhatte. Wieviel größere Ängste und Nöte standen uns in den nun kommenden Jahren bevor!

Dann kam der 1. August, der Tag der Kriegserklärung. Aufs tiefste erschreckt bebten wir baltischen Deutschen bis ins innerste Mark. Ein Krieg gegen Deutschland! Und wir, die wir deutsch waren mit Leib und Seele, waren als russische Untertanen gezwungen, auf der Seite von Deutschlands Feinden zu stehen. Wahrlich, ein Konflikt zwischen Herz und Pflicht, wie er schwerer kaum vorstellbar ist.

Es dauerte nicht lange, da wurde jedes deutsche Wort auf der Straße verboten, ja, auch der deutsche Briefwechsel wurde untersagt. Nur in fremden Sprachen durfte man seinen Angehörigen schreiben.

Leise flüsternd ging man durch die Straßen. Einem Mann begegnete in Dorpat das Mißgeschick, auf dem Glatteis auszugleiten. Als er seinem Begleiter auf deutsch zurief: „Nimm dich in acht, hier ist es glatt", erfaßte ihn sofort ein vorübergehender lettischer Soldat und brachte ihn zur Polizei. Dort mußte er die wenigen deutschen Worte mit einer Strafe von 100 Rubeln (zu dieser Zeit waren das 200 Mark) bezahlen.

Ein schwerer Schlag war es, als die deutschen Schulen wieder russisch werden mußten. Als unsere letzte Mädchenschule in Dorpat, die noch deutsch war, von dem Befehl betroffen wurde, rangen sich Lehrer und Eltern zu dem Entschluß durch, lieber die Schule zu schließen, als die Kinder in russischer Sprache zu unterrichten. Aber was sollte dann aus den Kindern werden? War doch nicht einmal ein Unterricht in Gruppen gestattet. Da tauchte ein kühner Plan auf: „Wir unterrichten jedes Kind einzeln in seinem Elternhause weiter und führen die Schule im geheimen fort, bis ein Tag kommt, wo wir wieder in deutscher Sprache unterrichten können." Und so geschah es. Es war ein unendlich schwieriges, Zeit und Kraft beanspruchendes Unternehmen, man bedenke nur allein die Mosaikarbeit der Zusammenstellung des Stundenplanes. Da die Zahl der bisherigen Lehrkräfte natürlich nicht mehr genügte, meldeten sich aus den deutschen Kreisen eine ganze Schar freiwilliger Mitarbeiter, Väter, Mütter, Pastoren, Universitätsprofessoren. Auch Traugott gab Religionsstunden, und ich wurde mit einigen schönen geographischen Werken versehen und mußte Geographie lehren, was mir selbst viel Freude bereitet hat. Über 50 Menschen unterrichteten, und doch waren die eigentlichen Lehrkräfte mit 30 Wochenstunden belastet. Ein Drittel arbeitete dabei ohne Vergütung, die anderen für ein unglaublich geringes Entgelt, obgleich sie kaum ihr tägliches Brot hatten, aber keiner schwankte auch nur einen Augenblick, hier mitzuarbeiten.

Unvergeßlich war die Schlußfeier am Ende dieses eigenartigen Schuljahres. In dem Saal eines der Elternhäuser kamen zum erstenmal die Eltern, Lehrer und Kinder dieser unsichtbaren Schule zusammen. Und nun ertönte das alte Not- und Trutzlied:

„Wir hatten gebauet
ein stattliches Haus
und drin auf Gott vertrauet,
trotz Wetter, Sturm und Braus.
Das Haus ist zerfallen,
was hat's denn für Not,
der Geist lebt in uns allen,
und unsre Burg ist Gott."

Damals drang ins baltische Land die Nachricht von den unglücklichen Deutschen, die aus Ostpreußen verschleppt waren. Frauen, Kinder und die ganz Alten waren von den russischen Soldaten vom Feld und von den Straßen aufgegriffen und in Viehwagen ins Innere Rußlands befördert worden. Kinder, die unterwegs erkrankten, wurden an irgendeiner Station ausgesetzt, und ihre Mütter sahen sie nie wieder. Wir hörten von einer Mutter, die drei Kinder auf diese Art verloren hatte.

Das Elend dieser armen Gefangenen war unbeschreiblich. Sie

waren kaum bekleidet, hungerten und froren. Daß es hier zu helfen galt, war klar, auch konnte darin ja keinerlei Verrat Rußland gegenüber gesehen werden. Dennoch erregte es das Mißtrauen der russischen Behörden, als sie die Listen der Geber fanden, und es sich herausstellte, daß die Balten große Sammlungen an warmen Kleidungsstücken und an Geld veranstalteten, um diesen Menschen zu helfen.

In Stadt und Land, fast in allen deutschen Häusern wurde genäht und gestrickt, und unzählige warme Westen, Joppen, Mäntel, Strümpfe und Handschuhe entstanden unter den fleißigen Händen der Frauen. All dies wurde in großen Körben verpackt durch eine Vertrauensperson nach Moskau und anderen Orten versandt, wo die warmen Sachen auch den Kriegsgefangenen zugute kamen, die oft halb nackt und hoch fiebernd an eisigen Winterabenden auf die Schneeflächen Rußlands hinausgetrieben wurden, um nach Sibirien befördert zu werden. Viele von ihnen starben unterwegs, aber manch einer, der sonst auch verhungert oder erfroren wäre, verdankte dieser baltischen Hilfeleistung sein Leben.

Den Helfenden selber aber wurde es bitter heimgezahlt. Welch ein Schreck war es, als eines Tages bekannt wurde, daß ein junger Theologiestudent, der schon mehrfach die Sachen nach Moskau abgeschickt hatte, diesmal dabei gefaßt und verhaftet worden sei. Er wurde verbannt. Andere sprangen in die Lücke und besorgten die Abfertigung der Sachen. Sie wurden ebenfalls verhaftet und verschickt, die meisten nach Sibirien. Einer nach dem andern kam dran. Bald gab es kaum eine baltische Familie, die nicht von diesen Maßnahmen betroffen war. Man lebte wie auf einem Vulkan. Niemand wußte, was der nächste Morgen bringen würde. Verstört kamen eines Tages unsere Kinder aus der Schule heim, die damals noch nicht geschlossen war. Die Polizei war während des Unterrichts erschienen und hatte auch die Leiterin der Schule verhaftet und ins Gefängnis fortgeschleppt.

Eines Tages, es war im Frühjahr 1915, wurde auch Traugott zur Polizei vorgeladen und verhört. Man fragte ihn, ob er auch für die nach Rußland verschleppten Deutschen gesammelt hätte? Traugott gestand es freimütig ein. Wie er dazu käme? Er antwortete, es sei in seinen Augen eine Gewissenspflicht für jeden Christen, diesen Unglücklichen Barmherzigkeit zu erweisen, einerlei, welcher Nation sie angehörten. Man ließ ihn gehen. Für uns aber war es schon ein erster Warnungsruf. Traugott stand damals in einer Konfirmandenlehre, nach zwei Wochen sollte die Konfirmation sein. Da stürzte eines Abends eine bekannte Dame zu uns herein: ob es auf Wahrheit beruhe, daß Traugott ausgewiesen sei? „Wie kommen Sie nur darauf?" fragten wir erstaunt. „Nun, es steht doch in jeder Zeitung." Richtig, da stand es schwarz auf weiß zu lesen: „Professor Hahn ist für die Zeit des Kriegszustandes aus Livland und dem Festungsrayon ausgewiesen und hat sich in drei Tagen ins Innere Rußlands zu begeben." Wir waren wie vom Donner gerührt – alles im Stich lassen, Familie und Gemeinde und ins unbekannte, unruhige Rußland verschlagen zu werden, wo nur Feindseligkeit und Mißtrauen einen erwartete! Dem russischen Beamten, der erst zwei Tage darauf erschien, war es offenbar selbst sehr peinlich. Er schüttelte Traugott teilnehmend und bewegt die Hand. Sogar die russischen Professoren waren empört, und ein jüdischer Schneider sagte damals zu einer Kundin: „Was soll aus uns werden, wenn schon der beste Mensch aus ganz Dorpat ausgewiesen wird!"

In größter Eile mußte alles geordnet und besprochen werden, um in drei Tagen fertig zu sein. Die Gemeinde war in der größten Erregung. Auf jede Weise versuchte man uns Liebe und Teilnahme zu erweisen. Herrliche Blumen und andere Aufmerksamkeiten wurden uns ins Haus gesandt, und viele Briefe gaben in ergreifender Weise dem Abschiedsschmerz und der Dankbarkeit für allen bisher empfangenen Segen Ausdruck. Ende Mai schrieb ich meiner Mutter: „... Unser Schicksal ist nun besiegelt. Noch kann man den Gedanken kaum fassen, daß es heißt, scheiden von Heim und Herd, von unserm so lieb gewordenen Lebens- und Arbeitskreise hier. Wird es auf immer sein? ... Nur nicht sorgen. Ich muß jetzt manchmal an die Abrahamsgeschichte denken, wie er auch aus seiner Freundschaft in ein fremdes Land mußte ... Viel Wunderschönes erleben wir aber eben – die große Teilnahme und Liebe der ganzen Gemeinde und über diese hinaus. Es ist wie ein großer, allgemeiner Kummer und Schmerz, und wir erfahren an Liebe und Dank so viel, daß es einen über manches Schwere hinwegträgt. Ein estnischer Student war gestern bei mir und sagte mir, was die estnischen und lettischen Studenten Traugott verdankten, es sei nur eine Stimme unter ihnen, wie sein Beispiel auf sie gewirkt habe, – sein lebendiger Wandel vor Gott, – wie sie das tief gefühlt hätten, und daß das mehr Eindruck gemacht habe als alle Worte. Es ist doch schön, jetzt manche Früchte zu sehen, die einem sonst verborgen bleiben..."

Am Tage der Abreise, am Sonnabend morgen, fand noch ein Gottesdienst mit einer verfrühten Konfirmation statt, um wenigstens diese Arbeit zu einem Abschluß zu bringen. Die Kirche war gedrängt voll. Es war eine ergreifende Feier. An dem Abendmahl, das zum Schluß stattfand, beteiligten sich fast alle Anwesenden.

An demselben Nachmittag mußte Traugott fort. Alles Aufsehen mußte vermieden werden, darum war eine öffentliche Begleitung nicht möglich. Aber als Traugott und ich zum Bahnhof fuhren, standen nicht nur zu beiden Seiten der Straße, sondern weit über Dorpat hinaus am Bahndamm Gemeindeglieder, um ihrem Pastor noch einmal, wenn auch nur mit den Augen, ein Lebewohl zuzuwinken.

Still nahmen wir Abschied. Dann reiste er ab, und ich kehrte in unser vereinsamtes Heim zurück. Sein vorläufiges Ziel war Moskau, wo seine Geschwister lebten. Von dort aus mußte er sich eine andere Stadt suchen. Wir hatten verabredet, daß ich in Dorpat das Haus auflösen und die Wohnung vermieten sollte, um dann, sobald Traugott etwas Passendes gefunden hatte, ihm mit den Kindern nachzufolgen. Denn eins stand für uns fest: zusammen wollten wir auf jeden Fall bleiben, dann würde auch das Elend in der Fremde sich ertragen lassen.

Ehe noch ein persönlicher Brief von Traugott mich aus Moskau erreichte, drang die erschreckende Nachricht zu uns, daß dort ein großer Deutschenpogrom stattgefunden hätte, ähnlich wie in Rußland die furchtbaren Judenhetzen schon öfter stattgefunden hatten, bei denen jedesmal unzählige Juden ihr Leben ließen, gehetzt, verfolgt von der ganzen Bevölkerung, und zwar mit Wissen der Regierung. Zum erstenmal hatte sich das gegen die Deutschen gerichtet.

Gott gab es mir, auch in dieser Zeit verhältnismäßig ruhig und gefaßt zu bleiben, und auch der kindliche Glaube der Kinder war mir eine Stärkung. In der Angst um den Vater trösteten sie sich gegenseitig mit der Geschichte vom Missionar, dessen Haus beim Angriff der Heiden von Engeln verteidigt wurde, und eins von ihnen sagte: „Wie schön ist es jetzt, daß wir Christen sind."

Eine große Erleichterung aber war es doch, als von Traugott ein Telegramm eintraf, daß er gesund sei.

Erst allmählich hörte man näheres über die Vorgänge in Moskau. Eine riesige, tobende Menschenmenge hatte sich zu Tausenden durch die Straßen gewälzt. An der Hand von Listen, die ihnen von der Polizei angefertigt waren, hatten sie alle Häuser und Wohnungen von Deutschen aufgesucht und dort ungestraft geplündert und geraubt. Es kam zu furchtbaren Ausschreitungen dabei, und auch Menschenleben fielen ihnen zum Opfer. Die Schaufenster der deutschen Geschäfte wurden zerschlagen, und von den dort vorhandenen Waren nahm sich ein jeder mit, was er brauchen konnte.

An der Tür des Hauses, in welchem Traugott mit seinen Geschwistern lebte, hatten die Unruhestifter auch mehrmals gepoltert und Einlaß verlangt, waren aber wie durch ein Wunder wieder umgekehrt, als man ihnen unter irgendeinem Vorwand den Einlaß verweigerte. Allerdings hinterließen sie eine Anmeldung für den nächsten Tag, doch da war der Sturm schon vorüber.

Traugotts Bruder lag damals im Kriegslazarett krank. Da man fürchtete, die Menge würde sich auch an den Kranken vergreifen, eilte Traugott hin, um seiner in größter Angst schwebenden Schwägerin Nachricht von ihrem Mann zu bringen. Auf der Straße mußte er sich unter die Tumultuanten mischen, denn nur so konnte er unerkannt als Deutscher vorwärtskommen. Erschütternde Eindrücke hat er damals mitgenommen von der von den schlimmsten Leidenschaften aufgepeitschten Masse, die mit dem stillschweigenden Einvernehmen der Regierung ihrem Deutschenhaß und der Zerstörungswut frönen durfte. Er sagte später, damals sei das Band zwischen ihm und Rußland zerrissen. Nach diesen Ereignissen wollte Traugott uns auf keinen Fall mehr nachkommen lassen. Er schrieb mir, daß wir unsere Kinderchen solchen Gefahren, wie sie die letzte Woche brachte, nicht aussetzen dürften. Obwohl die Trennung an ihm zehre, sei ihm jetzt doch das wichtigste, mich und die Kinder in Sicherheit zu wissen. Er schlug uns vor, entweder in der Heimat zu bleiben oder aber, falls sich dort ähnliches vorbereite wie in Moskau, mit den Kindern nach Finnland zu gehen.

Während wir noch in völliger Ungewißheit über unsere Zukunft waren, nahm Traugotts Schicksal plötzlich eine unerwartete Wendung. Die estnischen und lettischen Studenten aus seinem Sudienseminar setzten alles, was in ihrer Macht stand, in Bewegung, um Traugott zurückzuholen. Ihre Fürsprache hatte damals wesentlich mehr Aussicht auf Erfolg als eine solche von Deutschen. Sie schickten eine Abordnung von drei Studenten der Theologie zu dem gefürchteten Generalgouverneur Kurlow in Riga und erklärten ihm, daß sie diesen Professor nicht entbehren könnten, auch wären sie bereit, für seine Gesinnung ihren Kopf einzusetzen. Das machte Eindruck. Der Generalgouverneur nahm die Akte zur Hand, blätterte darin und sagte dann: „Es liegt eigentlich auch nichts gegen ihn vor, mag er zurückkommen."

Als diese Botschaft nach Dorpat kam, war die Freude unbeschreiblich. Laut jubelten die Kinder durchs ganze Haus. Mein ganzes Herz war erfüllt von Lob und Dank, und was wird Traugott bewegt haben, als er in Moskau eines Abends das Telegramm erhielt: „Rückkehr gestattet."

Mit welcher Freude begannen wir nun, alles für seinen Empfang vorzubereiten! Die Gemeinde nahm in rührender Weise daran Anteil. Wir bereiteten uns alle auf seine Rückkehr vor.

Aber wer nicht kam, war Traugott. Enttäuscht warteten wir von Tag zu Tag. Da suchte mich ein Herr auf, der gerade aus Petersburg kam, und teilte mir in Traugotts Auftrag mit, daß er auf der Durchreise in Petersburg die Nachricht bekam, die russische Polizei habe seinen alten Vater und seinen Schwager, Pastor Sielmann, in Finnland verhaftet, und beide befänden sich jetzt in einem Gefängnis in Petersburg. Traugott war nun natürlich dort geblieben, um die Ereignisse weiter zu verfolgen. Es gelang ihm auch einmal, die Gefangenen in der Zelle des Gefängnisses zu sprechen, aber nur in Gegenwart der Wächter und nicht in deutscher Sprache.

Der Grund der Verhaftung war derselbe wie bei Traugott: Geldsammlungen für deutsche Kriegsgefangene und Deportierte.

Durch Bemühungen einiger hochgestellter Persönlichkeiten gelang es, den Gefangenen wenigstens die Erleichterung zu verschaffen, daß sie nicht mit dem allgemeinen Gefangenentransport im Viehwagen nach Sibirien gebracht wurden, eine Reise, die sich oft durch Wochen hinzog, und an der manch einer zugrunde ging. Sie durften auf eigene Kosten reisen. Dafür mußte man schon dankbar sein. Damals ahnten wir zum Glück nicht, daß der Aufenthalt in Sibirien volle zwei Jahre dauern sollte. Wunderbar sind wohl Gottes Wege. Während mein Schwiegervater nun zwei Jahre lang in seinem Beruf als Pastor nicht arbeiten durfte, wurde Traugott noch einmal wider alles Erwarten in seine Arbeit zurückgeführt. Es ist, soviel ich weiß, der einzige Fall gewesen, in dem eine Verbannung zurückgenommen worden ist. In diesen wenigen Jahren, die ihm noch zu leben vergönnt waren, durfte er eine erhöhte Wirksamkeit entfalten, denn ganz Dorpat war voll von Flüchtlingen aus Nord und Süd, die seine Kirche bis auf den letzten Platz füllten und die seinen Trost und Rat suchten. Vielen hat er damals dienen dürfen. Auch die Zahl der Konfirmanden, die in unserer kleinen Gemeinde gewöhnlich nur bei 10–14 Kinder lag, stieg jetzt auf 70. Traugott empfand es nach seiner Rückkehr als eine besondere Gnade Gottes, gerade in dieser Zeit wirken und arbeiten zu dürfen. All das Schwere, das er erlebt hatte, wurde ihm ein Mahn- und Weckruf Gottes an sein Gewissen und ließ ihn innerlich wachsen und reifen. Am Silvesterabend 1915 sprach er es aus, daß dieses Jahr der namenlosen Schrecken und des Leides für ihn und seine Angehörigen vorwiegend ein unvergeßlich reiches Jahr der Liebe und Segenserfahrung gewesen sei.

AUSWIRKUNGEN DES KRIEGES AUF BERUF UND PERSÖNLICHES LEBEN

Es folgten schwere Jahre. Traugott litt unendlich unter dem Konflikt, in den wir Balten hineingestellt waren. Er konnte sich den vielen Optimisten, die überzeugt waren, daß Deutschland unter allen Umständen als Sieger hervorgehen werde, nicht anschließen. Ein immer größerer Ernst prägte sich in seinem ganzen Wesen aus. Es war, als träte alles andere zurück vor dem einen: jeden Tag und jede Stunde auskaufen zu müssen, um zu wirken und zu arbeiten für Gott und sein Reich.

Aber es gab immer wieder auch Stunden, in denen wir glücklich waren. Dazu gehörten die Abende, an denen ein kleiner Kreis von Bekannten, Männer und Frauen sich abwechselnd in den Häusern versammelte. Es war mehr als ein gemütliches Beisammensein, denn einer der Herren hielt jedesmal einen Vortrag mit einem daran anschließenden Gespräch.

Wie ein unbeschreiblich schönes Traumbild, das man kaum auszudenken wagte, tauchte der Gedanke auf, wie es wohl wäre, wenn wir wieder in unsere Heimat zurückkehren könnten, von der unsere Vorfahren vor 700 Jahren auszogen, – dieses Land, dem die ganze Liebe der Balten unverändert gehörte, trotz allem, was sie durch die Jahrhunderte unter der Herrschaft fremder Staaten erlebt hatten. Nie zuvor kam es einem so zum Bewußtsein wie in dieser Zeit.

Je länger der Krieg dauerte, desto mehr steigerte sich der Haß gegen alles Deutsche. Jeder Zusammenschluß wurde den Deutschbalten verboten, alle ihre geselligen und wissenschaftlichen Vereine wurden geschlossen. Am 23. September 1916 traf in Dorpat eine Verfügung vom Ministerium ein, daß auch in der Theologischen Fakultät die russische Unterrichtssprache einzuführen sei. Die deutschen Professoren der Theologie waren jedoch nicht gewillt, dieser Verfügung nachzukommen. Weder beherrschten sie das Russische genügend, noch war wissenschaftliches Material auf theologischem Gebiet in russischer Sprache vorhanden. Zum Protest gegen diese Vergewaltigung reichten sie alle ihre Abschiedsgesuche ein, die dann auch angenommen wurden. Nur die praktische Theologie sollte noch in den drei Ortssprachen, also auf Deutsch, Estnisch und Lettisch gelesen werden. So war Traugott von der Verfügung nicht direkt betroffen. Trotzdem hätte er am liebsten mit den Kollegen gemeinsame Sache gemacht. Aber nach eingehender Beratung mit ihnen entschloß er sich, im Amt zu bleiben um der Studenten willen, für die es von größter Bedeutung war, noch bei einem ihrer bisherigen Professoren Vorlesungen in deutscher Sprache zu hören. Da Traugott außerdem die ministerielle Erlaubnis erhielt, in deutscher Sprache die Prüfungen abzunehmen, legten in den nun folgenden Jahren die Theologiestudierten fast in allen Fächern, in denen sie sich allein mit Büchern vorbereiteten, ihre Examina bei ihm ab.

Es war eine eigenartige und nicht leichte Stellung, in der sich Traugott damals befand. Von der ganzen bisherigen Theologischen Fakultät war er als einziger Deutscher noch geblieben, und Dekan war Professor Kwacala! Am unerquicklichsten waren die Sitzungen des Allgemeinen Russischen Professorensenats, in denen man in wilden Reden über alles Deutsche herzog. Traugott pflegte, da er verpflichtet war, an den Sitzungen teilzunehmen, ein Buch dabei zu lesen und sich in seine Arbeit zu vertiefen, während die andern redeten. Ihm persönlich kamen die russischen Professoren mit Achtung, ja zum Teil mit Hochschätzung entgegen. Als 1917 nach Ausbruch der Revolution eine Anzahl Professoren verabschiedet wurde, hatte der Senat Traugott, den man einstmals durchfallen ließ, nicht nur wiedergewählt, sondern bald darauf auch zum ordentlichen Professor gemacht, während Kwacalas Kandidaten überhaupt nicht zur Wahl zugelassen wurden.

Eine große Ungewißheit kam in unser Leben durch die stets drohende Überführung der Universität ins Innere Rußlands mit sich. Immer wieder hieß es, schon in den nächsten Tagen werde den Professoren und ihren Familien ein Eisenbahnzug zur Verfügung gestellt, und es war nur die Frage, ob er uns nach Jekaterinoslaw, nach Tambow oder sonstwohin führen werde. Als es schließlich zur Übersiedlung der Universität nach Nishni Nowgorod kam, wurde die Theologische Fakultät von der Universität getrennt und brauchte nicht mitzugehen. So ging dieses Damoklesschwert an uns vorüber. Aber die Lebensverhältnisse wurden immer schwieriger, auch die Lebensmittelknappheit nahm zu. Traugott sah in besorgniserregender Weise elend und abgespannt aus, und doch wollte er mir nicht erlauben, ihn etwas stärker zu ernähren als die andern und wies sogar die Milch beim Morgenfrühstück zurück, damit sie den Kindern zugute käme. Diese wieder sparten sich jedes Stückchen Zucker, das auch für sie eine Seltenheit war, vom Munde ab, um es dem Vater in seinen Kaffee zu schmuggeln.

Es waren schwere Tage, als im ganzen Russischen Reich die Revolution ausbrach, die das Zarentum und alles, was mit der bisherigen Regierung zusammenhing, hinwegschwemmte. Manche jubelten in Erwartung einer neuen Zeit. Wir konnten diesen Optimismus nicht teilen. Die Freiheit, die nun plötzlich auf allen Gebieten herrschte, brachte freilich auch uns Deutschen anfangs manches Erfreuliche. Dazu gehörte die Freilassung der politischen Gefangenen. Auch mein Schwiegervater und seine Familie konnten nach zwei Jahren der Verbannung endlich in die Heimat zurückkehren, und groß war die Freude des Wiedersehens. Nur zu bald aber machte die neue Freiheit einer zügellosen Gewaltherrschaft Platz, und es war, als ob es überhaupt keine Regierung mehr gäbe. Auch in Dorpat war man seines Lebens nicht mehr sicher, auf den Straßen wurde geschossen, und nachts machten kleine Trupps von Bewaffneten überall Hausdurchsuchungen, wobei sie im Namen der Regierung, welcher, das wußte niemand, alles, was sie an Wertsachen und Geld entdeckten, beschlagnahmten, ohne daß man sich zur Wehr setzen konnte.

Eines Tages verkündete ein Plakat im ganzen Land, daß der gesamte Adel sowie die Pastoren als vogelfrei anzusehen seien. Damit war die Gefahr aufs höchste gestiegen. Menschlich gesehen bestand die einzige Aussicht auf Rettung und Wiederherstellung der Ordnung in einer Besetzung des Landes durch deutsche Truppen. Es war der Bolschewismus, der damals zum erstenmal sein unheimliches Haupt erhob. Wir ahnten seine Schrecken, aber wir wußten noch nicht, mit welch einer furchtbaren Macht wir es zu tun hatten.

Von hier an folgen die Aufzeichnungen, die ich gleich nach dem Tod meines Mannes für mich und die Kinder niedergeschrieben habe, in dem

Wunsch, alle Erlebnisse aus seinem letzten Lebensjahr bis ins einzelne festzuhalten. Ich tue dies, weil ich glaube, daß sie lebendiger sind, als es ein späterer Bericht sein könnte. Auch wird dadurch der so leicht entstehenden Legendenbildung entgegengetreten, da hier nur erzählt wird, was wirklich vorgefallen ist.

FLUCHT UND RETTUNG

Es war Montag, den 28. Januar 1918, als Traugott um 10 Uhr morgens von einer Vorlesung zurückkam und mir zurief: „Ich bin eben von vertraulicher Seite gewarnt worden, es sei ein Telegramm angekommen, mich zu verhaften, ich solle sofort weg und mich verbergen. Hier sind die Schlüssel. Lebe wohl, ich werde dir nicht mitteilen, wohin ich gehe, damit du ruhig aussagen kannst, du wüßtest es nicht." In aller Eile packte ich ihm einen kleinen Koffer, und tief erregt und bewegt nahmen wir Abschied. Ich ordnete alles im Hause, und wir warteten von Stunde zu Stunde auf die Häscher. Aber sie kamen nicht.

Am nächsten Tage ließ Traugott mich durch Professor Girgensohn in ein Privathaus bitten, um mich zu sehen. Er verbarg sich bei Gemeindegliedern, jede Nacht seinen Aufenthaltsort wechselnd; so wußte ich nie wo er war. Durch Professor Girgensohn aber konnten wir uns immer Nachrichten schicken. Erst am Donnerstag erschienen die Verfolger. Einer kam herein, zwei standen draußen Wache. Sie traten barsch auf, das ganze Haus wurde nach Traugott durchsucht. Unserer Beteuerung, daß wir nicht wüßten, wo er sei, wurde höhnischer Unglaube entgegengesetzt und man drohte uns mit Hausarrest. Ich war innerlich sehr erregt, doch kam es mir zustatten, daß ich so schlecht Russisch sprach und meine Verlegenheit dadurch verbergen konnte. Um so gewandter war meine Schwägerin Nelly, die damals bei uns wohnte. Durch Scherz und Liebenswürdigkeit gelang es ihr, den Mann freundlicher zu stimmen. Wir setzten uns mit ihm an den Tisch im Wohnzimmer und boten ihm etwas zu Rauchen an. Er wurde zugänglich und verließ uns schließlich ohne weitere Maßnahmen, nur den Befehl hinterlassend, wir möchten ihm Traugott zuschicken, sobald er nach Hause käme. Kaum war er fort, ließen wir Traugott durch Professor Girgensohn eine Warnung zugehen, sich nur ja nicht blicken zu lassen.

Am nächsten Tag erhielt ich einen bewegenden Brief von Traugott, in dem er mir seinen Entschluß mitteilte, sich den Gewalthabern freiwillig zu stellen, da ihm das aus verschiedenen Gründen als der richtige Weg erschiene. Der Ernst dieses Schrittes war ihm freilich ganz klar. Er machte sich auf alles gefaßt und nahm in rührender Weise Abschied von mir und den Kindern und allen ihm nahestehenden Menschen. Ein Ausschnitt aus diesem Brief verdeutlich die Schwere dieses Augenblicks:

„Ich habe in diesem vielleicht ernstesten Augenblick meines Lebens den Trieb, allen zu danken und um Vergebung zu bitten... Jedem einzelnen Gemeindeglied sage von ihrem Pastor einen innigen Gruß und Dank, ja einen Dank für alle große Liebe. Gott behüte sie alle...

Ihr meine Liebsten seid es doch, die mir vor allem eben das Herz schwer machen, auf der Seele drücken. Gott erhalte Dich wunderbar aufrecht, mein Allerliebstes, in diesen kommenden Wochen. Lies meine Neujahrspredigt und die vom letzten Sonntag. Ich will mich daran zu halten suchen, tu Du es ebenso, dann haben wir getrennt Gemeinschaft miteinander. Suchen wir die Zeit im Sinne unseres Neujahrsspruches 2. Samuel 10, 12 zu durchleben, ebenso von Römer 12, 12 und 8, 37–39. Gott hat mich in diesen Tagen beim fortlaufenden Bibellesen auf so wunderbar passende Abschnitte geführt.

Ich lese seit Anfang der Woche das große Glaubenskapitel Hebräer 11, aber auch 10, 34–39. Heute früh war es der Schluß des Kap. Joh. 11 von Vers 32 an. Gestern abend las ich Matth. 10. Ich werde es noch öfters lesen." Dann folgten einige Wünsche und Aufträge. Es war bezeichnend für ihn, daß er in diesem Augenblick an die Bezahlung einer Schneiderrechnung dachte, die er mir dringend ans Herz legte, es sei für ihn eine Ehrensache, daß sie erledigt würde. Endlich bat er mich, zu bestimmter Stunde bei der Ruine auf ihn zu warten, um ihn auf dem schweren Gang zu begleiten. Auch sollte ich Willi mitnehmen, damit er von seinem kleinen Jungen Abschied nehmen könne. Die andern Kinder hatte er einen Abend gesehen, als er sich in der Dunkelheit zu unserem Hause und ins Schlafzimmer der kleinen Mädels schlich, das neben dem Flur lag. Er küßte sie alle drei, weiter durfte er sich in seinem eigenen Hause nicht wagen, damit niemand außer mir merkte, daß er dagewesen sei.

Ich war durch diesen Brief aufs tiefstes erschüttert. An sich war auch mir dieser offene klare Weg sympathisch, aber ich bat ihn schriftlich sehr, vorher noch einige Tage aufs Land zu fahren, weil dieses einen harmloseren Eindruck machen werde, und er dann ruhig sagen könne, daß er abwesend gewesen sei. Am nächsten Morgen ging ich, wie verabredet, mit Willi zur Ruine. Es war ein banges Warten. Er kam nicht. Statt dessen erschien Frau Professor Girgensohn und teilte mir mit, Traugott hätte sich auf meine Bitte hin wirklich entschlossen, aufs Land zu fahren, ich dürfe aber nicht erfahren, wohin. Erleichtert atmete ich auf. Dennoch war ich sehr unruhig. Am Sonnabend erfuhr ich, daß Traugott fort sei und die letzten Nächte im Hause einer Pröpstin verbracht hätte. Am Sonntag morgen stürzte in aller Frühe Professor Girgensohn zu uns herein und fragte, ob bei uns alles in Ordnung sei. Nun hörte ich mit Schrecken, daß in der Nacht in der ganzen Stadt Hausdurchsuchungen stattgefunden hatten. Die meisten deutschen Männer wurden verhaftet, auch einige Frauen, die aber in Dorpat wieder freigelassen wurden. Wie man bald erfuhr, hatte sich in jener Nacht in allen baltischen Städten das gleiche abgespielt. So wurde in Reval meine Schwester Frieda von der Seite meiner alten, kranken Mutter gerissen und verhaftet. Dasselbe Schicksal hatten ungezählte andere, darunter auch meine verwitwete Schwester, die ihre fünf Kinder im Stich lassen mußte, ereilt. Vor den Gebäuden, in denen die Gefangenen untergebracht waren, spielten sich ergreifende Szenen ab: weinende Kinder, die in größter Sorge um ihre Mütter ihnen das Essen bringen wollten, wurden von den Wächtern in roher Weise damit geängstigt daß diese schon lange umgebracht seien. Die meisten bekannten Häuser waren in heißer Angst und Sorge um ihre Lieben, die ihnen plötzlich entrissen waren. Auch in dem Hause der Pröpstin, in dem sich Traugott noch am Morgen aufhielt, war eine Hausdurchsuchung gewesen. Welch eine wunderbare Bewahrung, daß Traugott kurz vorher fortgefahren war! Voll Anbetung sah ich auf zu Gottes gnädiger Fürsorge. Es war, als stünden seine Engel auch um unser Haus! Wir blieben unbegreiflicherweise immer verschont, während in derselben Straße alle andern Häuser wiederholt durchsucht wurden. Der 91. Psalm und unsere herrlichen Kirchenlieder: „Ist Gott für mich, so trete gleich alles wider mich" und „Wer nur den lieben Gott läßt walten" wurden mir damals groß wie nie zuvor. Jedes Wort gewann Leben, und innig beteten wir mit den Kindern für unsern geliebten Vater. Noch wunderbarer ward es uns, als wir einige Tage darauf einen Brief von Traugott bekamen, in welchem er mir mitteilte, daß er auch auf dem Lande schweren Gefahren entronnen sei. Zwei Tage nach seiner Ankunft im Pfarrhaus war auch dort die rote Garde erschienen und hatte den Propst und seine Tochter fortgeschleppt. Nach Traugott, von dessen Anwesenheit sie nichts wußten, hatten sie gar nicht gefragt. So war er ganz allein zurückgeblieben. Er hatte sich ein Pferd und einen Schlitten gemietet und hielt sich nun nicht weit von Dorpat in einem Bauernhaus auf. Dorhin erbat er sich Nachricht von mir, wie es in Dorpat stehe und ob es geraten sei, zurückzukommen. Ich antwortete ihm, daß es gut sei, dies nicht zu tun, da die Lage noch gefährlich sei und immer neue Verhaftungen stattfänden. Sehr begann es mich freilich zu beunruhigen, daß auch auf dem Lande Razzien gemacht wurden. Wenn man Traugott dort fände! Was könnte ihm nicht alles geschehen! Ich rang heiß. Es war der 1. Februar, Traugotts Geburtstag, den wir sonst immer so festlich begingen. In meinem Antwortbrief hatte ich ihm die Gedichte geschickt, welche die Kinder zu diesem Tage gelernt hatten, darunter das „Gebet" von Geibel, das fast Wort für Wort auf unsere Zeit paßte. Traugott hat es damals in der Einsamkeit auswendig gelernt und ein Jahr darauf seine Mitgefangenen damit stärken können.

An jenem 1. Februar kamen Traugotts Vettern zu mir. Sie brachten niederdrückende Nachrichten. Wie sie mit Sicherheit erfahren hatten, dächten die deutschen Truppen gar nicht daran, das Land zu besetzen. Damit fiel unsere einzige Hoffnung auf Befreiung hin. Weiter erzählten sie, daß beschlossen worden sei, die sich Versteckthaltenden sofort nach ihrer Verhaftung zu erschießen! Eine furchtbare Angst packte mich, was nun tun? Die Vettern rieten dringend, Traugott mit falschem Paß und in Verkleidung über die Grenze zu schaffen. Mir schien das unmöglich, mein ehrlicher Traugott würde sich nie zu diesem Schritt bereiterklären. Wir berieten uns mit einigen Freunden, aber auch sie wußten keinen Ausweg. Am Abend, als ich still vor Gott auf den Knien lag, kam mir die Gewißheit, daß Traugott zurückkommen müsse und sich lieber freiwillig stellen, als es auf Zufälligkeiten ankommen zu lassen, die vielleicht noch gefährlicher wären.

Am nächsten Morgen gelang es mir, nach langem Suchen ein Pferd und einen Schlitten zu bekommen, und ein früherer Konfirmand von Traugott erklärte sich bereit, ihn vom Lande abzuholen. Mit größter

Spannung wartete ich nun auf ihn. Die verabredete Stunde war schon vorüber, ohne daß er kam. Hatte man ihn am Ende unterwegs abgefangen? Die Gefahr lag nahe. Aber nein! Etwa um halb 11 Uhr erhielt ich die Nachricht, in ein Privathaus in der Kastanienallee zu kommen, mein Mann sei da. Ich eilte hin, wir umarmten uns in großer Wiedersehensfreude. Nach eingehender Beratung mit Professor Girgensohn, der auch hinkam, beschloß er, heimzukehren und zu Hause sein Schicksal abzuwarten. Wie war es herrlich, als er wieder da war! Wir saßen in seinem Studierzimmer auf dem grünen Sofa und erzählten uns alle äußeren und inneren Erlebnisse. Wir waren beide drin einige, daß alles viel leichter wäre, wenn man nur beisammen sei. Wie waren auch die Kinder froh! Es war freilich eine Freude mit Zittern, denn mit jedem Augenblick konnte sich das alles ändern.

Traugott kam zu dem Entschluß, sich nicht zu verbergen, sondern seine Tätigkeit frei aufzunehmen. Er ließ von der Kanzel seine Rückkehr mitteilen und hielt auch wieder seine Vorlesungen. Auf der Straße begegnete er bald darauf einem der Kommissare. Dieser trat auf ihn zu und meldete sich bei uns an, er wolle sich unsere Wohnung ansehen, ob sie sich für die Rote Garde eigne. Als Traugott mit dieser Nachricht zurückkam, zitterte ich und packte still wieder seinen Koffer. Aber siehe da, der Kommissar kam und tat Traugott nichts. Keiner rührte ihn an – es war wie ein Wunder.

Ein Brief von Traugott an meine Mutter nach Reval gibt einen tiefen Einblick in das, was er damals innerlich durchlebte. Er schrieb ihr:

Dorpat, den 20. Februar 1918.

Meine liebe, teure Mama!

Sagen muß ich es Dir einmal und kann es doch gar nicht aussprechen, wie sehr auch ich in diesen Wochen mit Euch empfunden habe, die Ihr so selten Schweres durchlebt. Fürbittend gedenken wir immer wieder öfters des Tages unserer lieben Gefangenen. Es ist etwas so Unfaßbares, Menschen wie Frieda und Julie, gefangen zu denken! Besonders umschweben aber unsere Gedanken und Gebete Dich in all Deinen Sorgen um Deine geliebten Kinder. Ich weiß ja, wie Deine Seele auf die Heimfahrt gerichtet und gerüstet ist ... Könnt' ich einmal jetzt zu Dir hinübereilen und mit Dir mich über alles, alles aussprechen und vor allem mit Dir beten! Letzteres ist jetzt doch noch viel wichtiger als das miteinander sich bereden, wo doch alles vor einem so unklar ist.

Ich bin unbeschreiblich dankbar daß ich wieder bei den Meinigen sein kann. Es ist aber sehr möglich, daß es nicht von Dauer sein wird. Jeden Augenblick kann es bei den vielen Verhaftungen wieder eine Trennung geben. Aber auf jeden Fall bin ich so dankbar für das Zusammensein. Ich habe es wieder einmal eingesehen, was mir meine Frau ist, und wie ich mit ihr verwachsen bin. Es ist so schwer, wichtige, vielleicht weitreichende Entschlüsse und sittliche Kämpfe allein ohne seine Frau durchkämpfen zu müssen. Ganz was anderes ist es jetzt, wo wir uns wieder zusammen gesprochen haben. Wir sind jetzt ganz ruhig, schlafen, essen und arbeiten gut und lernen danken für jeden Tag, jede Stunde.

In der Einsamkeit habe ich viel Tiefes durchlebt. Gott ist auch mit mir ins Gericht gegangen. Er hat es mir wieder einmal offenbart, daß in meinem Leben auch nicht eine Seite ist: in meiner Ehe, in meiner Vaterliebe, in allen meinen persönlichen und verwandtschaftlichen Verhältnissen, dazu keine Arbeit, wo ich nicht von Ihm Verdammung, Verwerfung und Tod verdient habe. Sendet Gott mir jetzt den Tod, so darf ich nicht klagen. Aber ich darf ja in Christo und um Jesu Christi willen seiner ganz unergründlichen Gnade ganz persönlich für mich gewiß sein. Gott helfe nur in dieser Richtung innerlich weiter zu wachsen. Der Anlaß ist doch nur schwach. Mit vielen, starken Fasern hänge ich an dieser Welt. Der Gedanke, meine Frau und meine vier Herzblättchen verlassen und sie in dieser Welt zurücklassen zu müssen, ist noch zum Herzzerbrechen schwer. Ich muß auch noch für diesen Fall recht Gott zu vertrauen lernen ... Ich bitte den ewigen Vater, er möge es uns vor allem verleihen, eine dauernde tiefgreifende Sinnesänderung in dieser Zeit zu erlangen, – ein wirklich ewiges Leben ... Zweierlei ist mir so wichtig geworden in dieser Zeit: Einerseits ist es die Tatsache der Gnade, Barmherzigkeit und Treue unseres Gottes, des Gottes, von dem es so herrlich im Psalm 62, 12 heißt, daß er allein mächtig ist. Er hat ja auch unter uns sein Werk begonnen, da dürfen wir uns von all dem

Grauenhaften um uns her nicht beirren lassen. Wir müssen und dürfen festhalten! Gott wird aus dieser Zeit weithin in der Welt etwas Gutes emporwachsen lassen. Denken kann ich es mir freilich gar nicht, aber – und das ist nun das zweite, das mir so wichtig wurde: Wir müssen immer mehr lernen, einfach zu vertrauen und immer wieder seiner Treue und Allweisheit zu vertrauen. Abraham hat 25 Jahre geglaubt und geharrt, wo nichts zu hoffen schien.

Und nun noch einen herzlichen Dank für Dein herrliches Geburtstagsgeschenk – für Papas blauen Anzug . . . Du siehst, liebe Mama, ich bin so guten Mutes, daß ich mich noch immer über einen schönen Anzug freuen kann. Letzten Sonntag trug ich ihn zum ersten Male.

Nun seid Gott befohlen, Ihr alle, unsere Lieben. Ich vertraue auf Gott für Euch. Joh. 11, 40, worüber ich nächsten Sonntag predigen will, so Gott will, rufe ich Dir zu. Der heilige Christusgeist helfe uns allen glauben . . .

Es küßt Dir die Hand   Dein Sohn Traugott

Als dieser Brief geschrieben wurde, war um uns noch alles finster und hoffnungslos verwirrt. Vier Tage darauf, am Sonntag, sollte das Wort Joh. 11, 40, das Traugott meiner Mutter zugerufen: „Habe ich dir nicht gesagt, so du glauben würdest, du solltest die Herrlichkeit Gottes sehen", wunderbar in Erfüllung gehen.

DIE BEFREIUNG DORPATS
DURCH DIE DEUTSCHEN TRUPPEN

Wie ein Lauffeuer ging eines Morgens die Schreckensnachricht von Mund zu Mund, daß in der Nacht unsere Gefangenen nach Rußland fortgeschleppt seien. Trostlos standen die Angehörigen vor dem leeren Gebäude, aus dem ihre Lieben verschwunden waren. Tiefe Niedergeschlagenheit und Angst ergriff uns alle um das weitere Schicksal der Gefangenen. Würde man sie lebend wiedersehen? Auch unsere Lage wurde immer verzweifelter. Damals lernten wir die Bedeutung des Wortes „Anarchie" kennen. Ich erinnere mich eines Ausspruchs von Traugott, daß die schlechteste Regierung besser sei, als gar keine. Wir waren völliger Willkür und Gewaltherrschaft preisgegeben, und man ahnte, daß sich noch Schlimmeres vorbereitete. In der Tat sollten, wie sich später herausstellte, alle Deutschen Dorpats in einer bestimmten Nacht umgebracht werden.

Der 24. Februar, ein Sonntag, brach an. „Aus tiefer Not schrei ich zu dir", das versprach der Grundton des Gottesdienstes zu werden. Als wir uns zur Kirche aufmachten, sagte uns der lettische Offizier, der bei uns einquartiert war, daß die Deutschen schon ganz nahe seien. Unterwegs hörten wir Schüsse, dann rief jemand uns zu: „Sie sind eben eingezogen und stehen vor dem Rathaus." Wir eilten hin, und fast stockte uns der Atem: da ragten ja aus einer dichtgedrängten Menschenmenge die glänzenden Stahlhelme der deutschen Soldaten hervor!

Kaum traute man seinen Augen – so waren sie doch gekommen, die Befreier! Es war fast zu schön, um wahr zu sein. Aus Hunderten von Kehlen ertönte machtvoll der Choral „Nun danket alle Gott". Es waren Augenblicke, die keiner vergessen wird, der sie erlebt hat. Jubelnd, tief ergriffen, küßte einer den andern, und Tränen der Freude erglänzten in vielen Augen.

Freilich, es war eine Freude, gemischt mit heißem Weh um all die Gefangenen, die der Heimat fern, diesen langersehnten Tag der Erlösung nicht mit uns erleben durften.

Dann strömte alles zur Kirche. Traugott ließ alle Liedernummern verändern, und nur Lob- und Danklieder erschallten aus überströmenden Herzen. Traugott, der selbst tief ergriffen war, sprach über Psalm 126: „Wenn der Herr die Gefangenen Zions erlösen wird, so werden wir sein wie die Träumenden. Dann wird unser Mund voll Lachens und unsere Zunge voll Rühmens sein, dann werden wir sagen: der Herr hat Großes an uns getan, des sind wir fröhlich."

Ja, wir waren wirklich wie die Träumenden! Was man durch all die letzten Jahre so heiß ersehnt, es war eingetroffen, wir waren deutsch! Wir durften unsere Muttersprache wieder frei reden. Über uns herrschte wieder das Recht. Mit einem Schlage war in Dorpat Ruhe und Ordnung eingekehrt.

Es begann nun eine wunderbare Zeit. Auch alle Predigten spiegelten Lob und Dank wider für die fast unbegreifliche Wendung, die unser Schicksal genommen hatte. Die Zukunft lag voller Hoffnung vor uns, rechnete man doch fest darauf, daß das Baltenland, diese alte deutsche Kolonie, nun wieder Deutschland angeschlossen würde.

Bald nach Ostern kam eine Reihe von Professoren aus Deutschland, die zu den Größen der Wissenschaft zählten, nach Dorpat und hielten vor einer dichtgedrängten, begeisterten Zuhörerschaft Vorträge in der Aula der Universität. Es war dies eine besondere Ehrung der alma mater dorpatensis. Beinahe jeden Abend war einer der Professoren im kleinen Kreis bei uns zu Gast. Bei ganz einfacher Bewirtung gab es hochangeregte, schöne Stunden. Von den offiziellen Feierlichkeiten hielt Traugott sich meist bescheiden zurück, obgleich er es dankbar annahm, wenn man ihn einlud. Aber leicht trat er bei solchen Gelegenheiten in den Hintergrund. Gesellschaftlich glänzende Formen hatte er nicht, bei ihm war alles Tiefe, Inhalt. Begegnungen waren bei ihm immer ein Suchen nach innerer Gemeinschaft, nie etwas Äußerliches.

Um wieder Ruhe und Ordnung zu schaffen, fanden zu Beginn der deutschen Herrschaft viele standrechtliche Erschießungen statt, besonders für Raub und Plünderung. Traugott setzte sich mit einigen anderen Pastoren bei der deutschen Kommandantur dafür ein, daß dabei nicht ohne genaue Prüfung verfahren werden möchte, und man nach Möglichkeit Schonung walten ließe. Von Anfang an betonte er, im privaten Gespräch wie auch in seinen Predigten, daß jetzt, wo die Deutschen die

Macht hätten, keine Rachegelüste Gewalt gewinnen dürften, sondern eine Verständigung mit den Esten und Letten angestrebt werden müsse. Es dürfe keine neue Saat des Hasses gesät werden, sondern eine Saat des Friedens.

Wie Traugott die gesamte Lage und den Ausgang des Krieges tatsächlich beurteilte, schildert einer seiner Studienfreunde in einem Brief vom März 1918:

„Im März 1918 sah ich Traugott zum letzten Male. Das Gespräch ging um die augenblickliche Lage. Die Wogen der Freude über die Befreiung des Baltikums durch die deutsche Armee gingen noch hoch. Es wurden Zukunftsaussichten erwogen. Merkwürdig berührte mich an Traugott ein tiefer Zweifel über die Beständigkeit der Lage. ‚Ich sehe sehr, sehr schwarz', sagte er, ‚ich glaube, wir gehen Zeiten entgegen, die unser Land bis auf den Grund erschüttern werden. Ich befürchte schwere Stürme von seiten des tiefgehenden Hasses der Esten und Letten gegen alles Deutsche, und wer weiß, ob Deutschland in der Lage sein wird, uns zu schützen? Die Entscheidung des großen Ringens ist noch nicht gefallen." – „An diese Unterredung", so schreibt der Freund weiter, „mußte ich immer wieder zurückdenken, nachdem der endliche Ausgang Traugotts Befürchtungen nur zu schrecklich bestätigt hatte. Es waren zwei Jahre vergangen, da erfuhr ich in der weiten, weiten Ferne Traugotts Ende."

DER LETZTE SCHÖNE SOMMER

Den Sommer 1918 verbrachten wir in dem wunderschönen, ganz ländlichen Villenort Strandhof in der Nähe von Reval. Es war ein herrlicher Sommer, eine letzte lichte Erinnerung! Noch steht mir der Nachmittag deutlich vor Augen, als wir auf dem Revaler Bahnhof angekommen waren, unsere Sachen auf die verschiedenen Gefährte verteilten und im offenen Wagen in den köstlichen Sommerabend hineinfuhren. Die Abendsonne vergoldete das Meer vor uns, die Türme Revals hinter uns – es war ein wundervoll friedliches, schönes Bild. Dann bog der Weg in einen dunklen Tannenwald ein, und wir kamen zu unserem Häuschen, das mitten darin lag. Gleich am ersten Abend gingen wir an den Strand und waren überwältigt von der Schönheit des Meeres, das im Abendrot dalag, still, klar, unergründlich!

Unser Häuschen lag wunderbar geschützt und doch sonnig. Wir lebten fast ganz im Freien, speisten draußen auf der offenen Veranda und waren fast immer im Wald. Vormittags las Traugott in einem kleinen Kreise von Verwandten und Freunden, die nicht weit von uns ihre Villa hatten, allerlei Interessantes vor, die manche lebhafte Aussprache über die Gegenwartsprobleme auslösten. Nachmittags widmete er sich der Familie. Bei unseren gemeinsamen Spaziergängen zog es ihn immer ans Meer oder zu den Punkten, auf welchen man eine schöne Aussicht hatte, und an denen war Strandhof reich. Von den steilabfallenden Felsen sah man über das weite blaue Meer, und in der schimmernden Ferne tauchten die spitzen Türme Revals auf, oft dunkelgrau schwarz, wie die Gralsburg, dann wieder, und das war das Schönste, schneeweiß, von der Sonne beschienen, wie Jerusalem, die hochgebaute Stadt.

Unvergeßlich ist mir ein Morgenspaziergang. Ich wollte nach einem entfernten Fischerdorf, in der Hoffnung, dort frische Fische zu kaufen. Da wir uns an die von der deutschen Verwaltung vorgeschriebenen Rationen halten und keine Nebenwege einschlagen wollten, war es mit der Nahrung oft knapp. Brotscheiben und Kartoffeln waren abgezählt. Ich erinnere mich noch der Freude der Kinder, als sie einmal zufällig eine Kartoffel am Wege liegen fanden, eine mehr zum Mittagessen! Als ich nun vor fünf Uhr morgens leise aufstand, erklärte Traugott zu meiner freudigen Überraschung, mich begleiten zu wollen, und Willi, der bei uns schlief, durfte auch mit. Es war ein herrlicher, klarer Morgen. Wir wanderten zuerst durch den taufrischen Wald, dann kletterten wir den steilen Abhang hinunter und gingen am Strande weiter, wo das Meer am Felsen emporleckt und tiefe Höhlen in ihn hineingespült hat. Die abgestürzten, malerisch übereinander getürmten Felsplatten versperrten uns auf einer Stelle den Weg so völlig, daß man unmöglich trockenen Fußes vorbei konnte. Traugott, der diesen Sommer oft barfuß ging, um sich abzuhärten, schleppte nun mit Willi Stein auf Stein herbei und baute mitten im Wasser eine Brücke, über die er mich behutsam hinübergeleitete. Blattstill lag das Meer vor uns in der glitzernden Morgensonne, nur an den mächtigen, rings verstreuten Granitblöcken, die sich im klaren Wasser spiegelten, gluckste es leise.

Fische bekamen wir nicht, auch der Fischfang war spärlich in diesem Hungerjahr, aber reich entschädigte uns der herrliche Gang durch unsere nordische Strandlandschaft, die einen so unvergleichlichen Zauber besitzt. An stillen Sommer- und Herbsttagen liegt eine Unberührtheit, ein verklärter Frieden über ihr, der die Seele still und weit macht, wie ein Hauch aus der Ewigkeit.

Einen Höhepunkt dieses Sommers bildete der 70jährige Geburtstag meines Schwiegervaters. Traugott hatte aus Deutschland den Auftrag erhalten, seinem Vater an diesem Tage das Doktordiplom zu überreichen. Es war ein feierlichschöner Augenblick, allen, die dabei waren, unvergeßlich, ganz besonders aber empfand Traugott es erhebend und beglückend, daß er seinem geliebten Vater diese wohlverdiente Ehrung übermitteln durfte. Über aller Feierlichkeit lag die Freude über die veränderten politischen Verhältnisse. Und dabei standen wir ganz nahe am Abgrund, ahnungslos, daß alles nur ein kurzer Traum von einem halben Jahre sein werde!

Einmal fuhr Traugott nach Leetz, um den lieben Ort wiederzusehen, nach dem er sich die letzten Jahre oft gesehnt hatte. Er ahnte nicht, daß es ein Abschied auf immer war! Bewegt kam er zurück. Der Anblick unseres von den russischen Soldaten arg zugerichteten Hauses hatte ihm weh getan. Er erzählte mir von jedem Busch, jedem Baum, jedem Stein, waren sie doch mit den schönsten Erinnerungen unseres Lebens verknüpft.

Wunderschön waren auch einige Tage im Pastorat Nissi bei meinem jüngsten Schwager und seiner Frau, die Pilzsuche im Wald, das Ruhen im Garten, Schmausen von Stachelbeeren im harmonischen Beisammensein mit den Geschwistern, bei denen wir uns ganz zu Hause fühlten. Besonders erinnerlich ist mir die Ankunft auf dem Bahnhof in Riesenberg. Traugott war einige Tage früher hingefahren und kam mir nun mit Hugo entgegen. Mit leuchtendem Gesicht begrüßte er mich, und wir empfanden trotz der kurzen Trennung eine tiefinnerliche Freude, wieder vereint zu sein. Dabei lag der Abendsonnenschein auf der friedlichen Sommerlandschaft, den wogenden Kornfeldern. Es kommt mir jetzt vor wie ein Abglanz der Freude, die wir einst droben empfinden werden, wenn Gott uns wieder zusammenführt. Wird uns die Trennung dann nicht auch erscheinen wie ein oder zwei Tage! Und dann wird es keine Trennung mehr geben! Aber wieviel werden wir uns zu sagen haben über die Zeit, die dazwischen liegt!

Noch viele schöne Tage aus dem Strandhofschen Leben tauchen vor mir auf. Da war der Geburtstag unserer elfjährigen Liesel, mit einem Ausflug nach Tischer, wo wir Ersatzkakao tranken und Waffeln aus Wasser und Roggenmehl aßen, und es doch allen vortrefflich mundete.

Er war in diesem Sommer weniger abgespannt und müde als sonst. Die Freude über die für die Heimat angebrochene neue Zeit und auf das bevorstehende deutsche Universitätssemester beherrschte ihn ganz, hatte doch die deutsche Regierung verfügt, die Universität Dorpat als deutsche Hochschule im September 1918 zu eröffnen. Die bisherigen deutschen Professoren wurden wieder angestellt, und eine große Anzahl anderer Hochschullehrer aus Deutschland berufen.

Bei Traugott erwachte am Ende des Sommers, wie stets am Schluß der Ferien, der heiße Wunsch, seine Arbeit wieder aufzunehmen. Obgleich der Anfang der Schulen verschoben wurde und wir alle ihn baten, auch mit dem Beginn der Gottesdienste noch eine Woche zu warten, ging er auf keinen Fall darauf ein, seine Ferien zu verlängern, obwohl er gut noch etwas Erholung hätte gebrauchen können. Als ich ihm vorschlug, den Kirchenrat schriftlich um Erlaubnis zu bitten, wurde er ganz heftig und warf mir vor, ich sei katholisch, da ich ihn überreden wolle, sein Gewissen vom Urteil anderer bestimmen zu lassen. Da wagte ich keinen Widerspruch mehr.

Es war nun nur noch davon die Rede, daß die Kinder und ich länger am Strand bleiben sollten. Es wurde mir aber zum Glück ganz klar, daß es meine Pflicht sei, Traugott nicht zu verlassen und unsere Ferien nicht länger auszudehnen als die seinen. Als ich ihm das sagte, war er sichtlich erfreut. Nun reisten wir alle gemeinsam nach Dorpat zurück mit der festen Hoffnung, im nächsten Sommer wieder in unsere reizende kleine Villa mitten im Tannenwald zurückzukehren, wo wir so schöne glückliche Wochen verbracht hatten.

Wie wenig wissen wir Menschen, was uns das „Morgen" bringen wird!

ERÖFFNUNG UND ZUSAMMENBRUCH DER DEUTSCHEN UNIVERSITÄT DORPAT

Am 15. September wurde in Dorpat die Universität als deutsche Hochschule wieder eröffnet. Das war für uns einer der schönsten Tage im Jahre 1918. In der festlich geschmückten Universitätskirche hatte sich der ganze Lehrkörper der Universität versammelt, wie auch die Spitzen des Militärs. Die studentischen Verbindungen mit Schärpen und Fahnen bildeten Spalier. Auch der preußische Kultusminister war zugegen. Traugott legte seiner Festpredigt zwei Worte zugrunde: Offenbarung 21, 5: „Der auf dem Stuhl sprach, siehe, ich mache alles neu", und Jer. 3, 4: „So spricht der Herr, pflüget ein Neues und säet nicht unter die Hecken."

Er sprach voll Dank von der Rettung, die wir erleben durften, wies aber auch auf den Ernst der Lage hin, angesichts des großen, noch nicht entschiedenen Völkerringens im Westen. Dann sagte er: „‚Pflüget ein Neues‘, das ist, verehrte und liebe Kollegen, jetzt unsere herrliche Mission. Mit durch unsere Arbeit soll in diesen Landen alles neu werden."

In dem anschließenden Festakt in der Aula der Universität wurden die großen Aufgaben betont, die diese Universität in besonderem Maße habe, nicht nur den deutschen, sondern allen hier wohnenden Völkern in gleicher Weise zu dienen. „Versöhnung muß an die Stelle des Haders treten, und hierbei mitzuwirken, wird eine der schönsten Aufgaben unserer neu erstandenen Universität sein", sagte der Rektor, „ich hoffe, daß unsere Studenten in gegenseitiger Achtung freundschaftlich zusammen leben und nur da in Kampf und Wettbewerb treten werden, wo es sich darum handelt, auf dem Gebiet der Wissenschaft und Forschung die Palme des Sieges zu erringen."

Ein wunderschönes Arbeiten begann nun. Traugott genoß es mit ganzer Seele, wieder aufbauen zu dürfen, als deutscher Professor unter deutschen Kollegen, unter denen viele bedeutende, tüchtige Männer waren. Auf jedem Gebiet konnte man hochinteressante Vorlesungen hören. Eine Fülle geistigen Lebens überströmte Dorpat in diesem reichen, aber leider so kurzen Semester, das schon nach zweieinhalb Monaten einen jähen Abschluß finden sollte. Auch bei uns im Baltikum machte sich die beginnende Zersetzung der deutschen Armee bemerkbar, und schwere Ahnungen begannen aufzusteigen. Und dann brach es plötzlich über uns herein: Abdankung des deutschen Kaisers! Rückzug der deutschen Armee! Zusammenbruch des Deutschen Reiches, Zerstörung all unserer Heimathoffnungen! Wer kann in Worten wiedergeben, was da durch unsere Herzen ging!

Was Traugott damals durchmachte, spiegelte sich in seinen Predigten wider. Er litt unsäglich um das geliebte deutsche Volk und durch all das dunkle Geschehen. Nur der Blick auf Gott und sein ewiges Reich, das keiner Veränderung unterworfen ist, hielt ihn aufrecht.

Hätte ich ihm diese Zeit wenigstens im Hause gemütlich machen können! Aber sie war so zerrissen durch unser Getrenntsein. Auch die Kinder litten darunter, obgleich Traugott sich ihnen widmete, soweit seine Zeit es ihm erlaubte. So erzählte Willi, der damals neun Jahre alt war, mir bald nachher: „Am Totenfestsonntag war ich krank, ich fühlte mich sehr einsam. Ungefähr um sechs Uhr kam Vater zu mir, um mir, weil ich nicht in der Kirche gewesen war, eine Kinderpredigt zu halten. Er setzte sich ganz nahe an mein Bett und las mir aus der Offenbarung Johannes 7, 9-17 vor. Dann fing er an, mir zu erzählen, wie es im Himmel sein würde. Ganz wunderschön! Er erzählte mir, daß man zuerst durch ein dunkles Tal müsse, in den Tod, dann, wenn man etwas im Grabe geschlafen hätte, würde man aufstehen. Er schloß: ‚Im Himmel wird jeder seine Arbeit haben, denn der Himmel ist nicht für die Faulen.' Ich fragte ihn, wie es denn in der Hölle sei? Da sagte Vater: ‚Daran wollen wir gar nicht denken.' Dann stand er auf und holte seine Schreibsachen, damit ich nicht so allein sei."

Zum Glück hatten wir einen guten Engel im Hause. Das war ein junges Mädchen, das in diesem Herbst die Konfirmandenlehre bei Traugott besuchte und ganz bei uns wohnte. Als der Scharlach bei uns ausbrach, erklärte sie sich gleich bereit, obgleich die Lehre schon beendet war, bei uns zu bleiben und für Traugott und die beiden gesunden Kinder zu sorgen, bis ich das Hauswesen wieder übernehmen könnte. Das hat sie treulich getan. Später, als sie fort mußte, kam eine andere frühere Konfirmandin zu uns, die uns in Freundschaft zugetan war. Sie hat die ganze schwere Zeit mit uns durchlebt und durchlitten. Die deutsche Universität wurde nun schleunigst aufgelöst, und die deutschen Professoren reisten in ihre Heimat zurück. Es fand noch ein Abschiedsfest statt, auf dem Traugott den Vertretern der deutschen Wissenschaft für den Reichtum dankte, den sie uns in den kurzen zweieinhalb Monaten gebracht hatten.

In jenen Tagen schrieb er an seine Geschwister im Ausland:
„Wir sind hier in der alten Heimat wieder in eine sehr ernste Lage gekommen. Wieder umlauern uns Gefahren. Vor allem aber erhebt sich wieder an den Toren der Bolschewismus, und auch im Innern fängt sein Gespenst an umzugehen. Wir ringen danach, uns auf alles gefaßt zu machen, aber andererseits doch nie die Hoffnung aufzugeben, auch die irdische zu Gott festzuhalten, ob auch wesentlich nur im Glauben, da das Denken und Rechnen uns in dieser Zeit gründlich vergangen ist. Vor allem aber suchen wir die ewige Hoffnung immer fester zu fassen.

Alle deutschen Männer bis zu 45 Jahren treten hier jetzt in das deutsche Militär ein, als ein Selbstschutz gegen die Bolschewisten. Ich bin wohl für die Gemeinde unabkömmlich, glaube auch auf geistigem Gebiet mehr gegen den Bolschewismus tun zu können, indem ich den Mut meiner Gemeinde aufrecht zu erhalten suche und gegen den Geist der Furcht kämpfe, als mit der Flinte in der Hand, habe ich doch in meinem Leben noch keinen Schuß abgefeuert. Nach zwei Stunden haben wir in der Universität die letzte Senatssitzung. Die reichsdeutschen Kollegen sind abgerufen und müssen sich morgen reisefertig machen. Es war eine kurze Freude, aber eine schöne, ein wertvolles letztes Semester, das uns viel gegeben hat."

Auch die deutschen Truppen begannen nun abzuziehen. Damit waren wir den Bolschewisten preisgegeben, die an der russischen Grenze nur auf den Augenblick warteten, wann der Weg in die Ostseeländer frei würde. Anfang Dezember schrieb uns unser Vater aus Reval, daß er den Gedanken in Erwägung ziehe, nach Deutschland zu gehen. Durch seine politische Tätigkeit im Landesrat im Frühjahr 1918 sowie durch seine Reise ins deutsche Hauptquartier als baltischer Vertreter, lag es auf der Hand, daß er nach Abzug der Deutschen von den neuen Machthabern aufgegriffen werden würde. Von maßgebender Seite wurde ihm dringend geraten, das Land zu verlassen. Nach schwerem Kampf entschloß er sich dazu und machte sich in aller Stille mit seinem Schwiegersohn und einer Tochter auf die Reise. Eines Abends stand er unerwartet vor uns. Während der zwei Stunden, die sein Zug in Dorpat lag, gingen wir mit ihm im Dunkeln zwischen den Bahngleisen auf und ab. Er besprach mit Traugott die letzten schweren Ereignisse und seinen Entschluß fortzugehen, dem Traugott zustimmte. Beide wußten nicht, daß sie sich damals zum letzten Male auf Erden sahen.

GEHEN ODER BLEIBEN? DIE ENTSCHEIDUNG

Durch die heranrückenden Bolschewisten begann ein großes Fliehen. Vom deutschen Militär wurden Frachtwagen zur Verfügung gestellt, und viele Familien reisten Hals über Kopf nach Riga, das man gegen die Bolschewisten zu halten hoffte. Auf der tagelang dauernden Fahrt in den überfüllten und ungeheizten Wagen holten sich aber viele ernste Krankheiten. Auch wir berieten damals die Möglichkeit der Flucht. Sie schien uns aber für unsere eben erst genesenen Kinder bei der strengen Winterkälte nicht ratsam. Über die Frage, ob es richtig sei, zu bleiben oder zu gehen, waren wir uns noch nicht klar.

Es fanden damals wiederholt Beratungen darüber statt, an denen auch deutsches Militär teilnahm. Zwei verschiedene Ansichten standen sich gegenüber. Die einen traten unbedingt für das Fortgehen ein, da es keinen Sinn hätte, sich dem fast sicheren Tode auszuliefern, die andern verlangten, man müsse wie ein Soldat auf seinem Posten bleiben. Das sei schon um derjenigen willen notwendig, die nicht fortkönnten, da man als Gesamtheit widerstandsfähig sei. Auch auf Pastorenversammlungen wurde lebhaft darüber verhandelt, was die Pflicht des Pastors in diesem Falle sei: gehen oder bleiben? Einige Pastoren traten energisch für ersteres ein und handelten auch danach. Traugott erklärte, er wolle über niemand urteilen, da jeder Fall besonders läge. Aber er für seine Person fürchte nichts so sehr, als ein Mietling zu werden. Seine Stellungnahme kommt am deutlichsten zum Ausdruck in einem Brief, den er am 8. Dezember an seinen Bruder Hugo schrieb, der Pastor auf dem Lande war. Er sei darum im Wortlaut wiedergegeben:

„Dorpat, den 8. Dezember 1918, nach 10 Uhr abends.

Mein lieber alter Bruder!

Obschon ich mich übermüdet fühle, treibt es mich doch, Dir ein ganz kurzes Wort der Gemeinschaft zu sagen ... Ich maße mir natürlich von hier aus keinerlei Urteil an über Deine Lage. Sagen möchte ich nur, daß ich dringend wünsche, Gott möge es Dir ermöglichen, auf Deinem Posten noch auszuhalten. Ich habe eine Furcht für mich wie andere, daß wir nur ja nicht unter Johannes 10, 13 fallen. Ganz einverstanden bin ich freilich mit Papa und Woldemar. Gewiß kann auch für jeden schnell derselbe Fall eintreten.

Aber mir ist doch in den letzten Monaten der Reichsgottesgesichtspunkt für unser Land wieder viel größer geworden. Ich glaube, wir werden es vor dem Herrn der Kirche sehr ernst zu verantworten haben, wann und wie wir unsere Posten hier, die doch seine Posten sind, die er uns anvertraut hat, räumen. Mir scheint, unser Verhalten in solcher Zeit wiegt überaus schwer. Der Wert des Hirtenstandes entscheidet sich ganz wesentlich in solchen Monaten nach dem Urteil der Gemeinde. Jede Woche hat jetzt einen ganz außerordentlich hohen Wert. Unberechenbar groß ist die Bedeutung, wenn jetzt in einer Gemeinde ein Reichgottesarbeiter, der auf einen Teil der Gemeinde Einfluß hat, wirklichen Einfluß, so wie Du, ruhig und tapfer aushält ... Wieviel kommt es in der Gegenwart, in dieser Zeit der Finsternis darauf an, daß auf allen nur möglichen Posten, wo nur irgendeine Einflußmöglichkeit besteht, kräftige Gottes- und Christuswirkungen ausgeübt werden mit Einsatz der ganzen Persönlichkeit. Daß solches unter persönlicher Gefahr geschieht, hebt nur die Bedeutung solcher Wirkung. Mir liegt immer ein Wort P. Needras im Ohr von 1905: „Wenn das Evangelium uns nicht alles wert ist, so ist es uns nichts wert. Ist das Evangelium nicht wert, daß wir dafür unser Blut vergießen lassen, dann taugt es überhaupt nichts." Oder richtiger: Wenn wir nicht bereit sind, um des Zeugnisses des Evangeliums unser Leben zu opfern, so beweisen wir, daß es für uns nicht den nötigen vollen Wert gehabt hat. Kurz, daß das Bleiben auf dem Posten für uns Gefahren möglicher-, ja wahrscheinlicherweise mit sich bringt, ist für mich durchaus noch kein Grund, ihn zu verlassen. Alle Missionare auf gefährdetem Posten. Auch ich will so lange als möglich aushalten. Andererseits bin ich ganz einverstanden, daß solch eine Zeit auch zur Erziehung der Gemeinden zu mehr aktivem kirchlichen Hervortreten und Eintreten verwendet werden muß.

... Ich habe auch stark das Bewußtsein der Dankespflicht gegenüber der Liebe der Gemeinde, und daß diese Dankbarkeit uns sehr fest

binden muß. In schöner Weise fühle ich mich hier nicht frei.
Noch eins: Auf Anny wie mich hat es Eindruck gemacht, daß wir von unseren reichsdeutschen Kollegen, die vor einer Woche in corpore von uns schieden, und unter denen viele treffliche Männer waren, mit denen wir uns wirklich verbrüdert hatten – den Eindruck hatten, daß sie bei der gegenwärtigen Brot- wie Arbeitsnot in Deutschland geradezu eine Angst davor hatten, wir Balten könnten jetzt in Scharen herüberkommen. Keiner von ihnen hat bei den Abschiedsfeiern auch nur ein Wort der Aufforderung an uns gerichtet, mit herüberzukommen. Ich fürchte mich, ihnen gegenwärtig drüben zur Last zu fallen. Auch darum scheint es mir geboten, aus Liebesrücksicht für jene so lange als möglich auszuhalten . . .

Die Universität ist Peter Söld übergeben. Nun widme ich mich ganz der Gemeinde, die ich seelsorgerlich während der Universitätszeit, in der ich stark meine Vorlesungen umgestaltete, vor allem das Kirchenrecht, doch vernachlässigt hatte. Weil mir das Reich Gottes wieder ganz in den Vordergrund getreten ist, hat mich auch die an sich furchtbar schwere Erfahrung mit der Universität nicht innerlich erschüttert. Es waren unbeschreiblich schöne zweieinhalb Monate und trotz allem ein großer Segen. Nun seid Gott befohlen! Er umschirme und führe uns wie Euch.

In herzlicher Liebe   Euer Traugott

Wie lange werde ich noch meine Kirche, Gemeinde, Pastorat behalten?
2. Samuel 10, 12."

Eines Tages rief Traugott mich zu sich, um zu beraten, ob er mich nicht mit den Kindern nach Reval schicken solle, das durch die auf der Reede liegenden Engländer weniger gefährdet schien. Wir rangen beide innerlich, um das Rechte zu erkennen. Es war mir ein schrecklicher Gedanke, Traugott alleinzulassen, doch kam ich schließlich zu dem Schluß: Der Kinder wegen muß ich vielleicht mit ihnen fortgehen, meine Angst um ihn muß ich überwinden und fest glauben, daß Gott besser für ihn sorgen wird, als ich es je könnte. Als ich dann aber auf dem Bahnhof erfuhr, daß die Züge nach Reval gar nicht mehr gingen, war ich unendlich erleichtert. Gott selbst hatte mir nun erlaubt, bei Traugott zu bleiben.

Am Vorabend des Abmarsches der deutschen Truppen kam ein junger Offizier zu uns, um Abschied zu nehmen. Er war ein treuer Besucher der Gottesdienste in der Universitätskirche gewesen und war Traugott in persönlichen Begegnungen nahe getreten. Stromberg kam auch hinzu, und die drei Männer nahmen ihre Bibeln zur Hand und vertieften sich in das Wort aus dem Johannesevangelium: „Ich muß wirken, solange es Tag ist, es kommt die Nacht, da niemand wirken kann." Welche Nacht hier gemeint sei, ob der Tod, ob schwere, dunkle Zeiten, in denen jede Arbeits- und Wirkungsmöglichkeit abgeschnitten sei, diesem Gedanken ging Traugott besonders nach. Er ahnte es, daß auch für ihn die Nacht im Anbrechen war. Als er in später Abendstunde von diesem jungen Offizier Abschied nahm, sagte er zu ihm: „Es kann wohl sein, daß Gott auch in unseren Tagen wieder einmal das schwerste und größte Opfer verlangt, die köstliche Saat im Reich Gottes, die Hingabe des Lebens."

In jenen Tagen erfuhren wir, daß alle, die fort wollten, sich im Rathaus melden müßten, um im Anschluß an die deutschen Truppentransporte freie Reise zu erhalten.

Auch Traugott ging hin, bat aber, ihn unter die Allerletzten zu setzen. Beim Mittag erzählte er es uns dann und fügte hinzu, daß man ihm dort gesagt hätte: „Sie sind heute schon der vierte Pastor, der sich einschreiben läßt." Wir schwiegen beide.

Innerlich beunruhigte es mich sehr, ob ein Gehen recht sei, ob nicht die Pflicht es verlange, gerade in schwerer Stunde bei der Gemeinde auszuhalten. Erlebten wir es doch täglich, welch ein Entsetzen der bloße Gedanke an ein Fortziehen des Pastors bei unseren Gemeindegliedern erweckte. „Herr Pastor. Sie können doch nicht gehen! Was soll werden, wenn auch Sie uns verlassen!"

Das Wort vom Mietling drückte mich, doch wagte ich nicht, es auszusprechen, um Traugott nicht zu beeinflussen. Da sagte er mir: „Ich muß dich nachher sprechen." Als wir allein waren, sprach er sich darüber aus, daß ihn der Gedanke quäle, ein Mietling zu werden, wenn er ginge, ob es nicht Pflicht sei zu bleiben? Ich war innerlich erleichtert und sagte ihm, daß ich ganz dasselbe empfunden hätte. Wir beschlossen nun zu bleiben, solange es nur irgend ginge. Ich packte die Sachen wieder aus, die zum Teil schon in den Koffer gelegt waren. Auffallend war es, daß auch unsere Kinder sichtlich erleichtert schienen. Es war, als hätten sie auch unter der Angst gestanden, wir könnten uns für etwas nicht ganz Richtiges, nicht ganz Mutiges und Treues entscheiden. Ich hatte die Empfindung, wir hätten uns vor unseren Kindern schämen müssen, hätten wir aus Angst vor der Gefahr unseren Posten verlassen.

Noch einmal kam über Traugott eine Beunruhigung, ob er gehen oder bleiben solle. Es muß nach einer Sitzung gewesen sein, wo der andere Standpunkt vertreten worden war. Es war spät abends, da legte er mir noch einmal die Frage vor und betonte dieses Mal stark alle Gründe, die fürs Fortgehen sprachen. Ich sah nur den einen Weg vor mir, den der Pflicht, und sagte das. Da antwortete mir Traugott beinahe etwas erregt: „Und was wirst du sagen, wenn ich erschossen werde? Wirst du dann noch ebenso stehen?" Ich hielt einen Augenblick inne und antwortete dann: „Ich hoffe, daß Gott mir dann die Kraft geben wird, es zu tragen." Aber dann bat ich Traugott, mir Zeit bis zum andern Morgen zu lassen, um noch einmal die Sache vor Gott zu bringen. Traugott war sichtlich sehr bewegt und hin- und hergerissen. War es die Vorahnung des nahenden Todes? Merkwürdig ist es, daß ich, die ich sonst so sehr an Vorahnungen litt, gerade dieses Mal keine hatte. Anfang Dezember hatte ich freilich einen sonderbaren Traum gehabt. Es klingelte bei uns, ich öffnete die Tür, ein estnischer Professor trat herein und überreichte mir einen geschlossenen Umschlag. Als ich ihn öffnete, stand darin Traugotts Todesurteil! Als ich Traugott den Traum erzählen wollte, wehrte er ab. Er wollte offenbar keine Beunruhigung an sich herankommen lassen, um nicht schwach zu werden.

Ich glaube, daß er die ganze letzte Zeit schon mit der Vorahnung furchtbarer Schrecken rang und vielleicht am meisten mit der Angst, ob er innerlich standhalten und stark bleiben würde in der Stunde der Gefahr. Seine Predigt vom 2. Advent gegen die Furcht gibt das wieder. Noch sehe ich es deutlich vor mir, wie in jenen letzten Wochen mitten im Gespräch sein Ausdruck plötzlich ernst wurde, seine Gedanken abirrten, und er unwillkürlich die Hände faltete, alles andere um sich vergessend, und offenbar innerlich mit Gott rang in inständigem Beten.

Oft ging er auch aus unserem Kreise, und ich fand ihn im Schlafzimmer auf den Knien, versunken ins Gebet.

Es ist etwas, was ich nicht verwinden kann, daß ich hier nicht mit ihm in die tiefsten Tiefen ging. Es ist mir selbst jetzt ganz unverständlich, daß keine Spur von Furcht über mich kam. Es beherrschte mich ganz die Überzeugung, der richtige Weg ist das Bleiben auf dem von Gott anvertrauten Posten, das übrige müssen wir Gott überlassen. Ob ich ebenso stark gewesen wäre, wenn ich vorausgesehen hätte, was bevorstand, das weiß ich nicht. Ich hatte in den letzten Jahren, noch zuletzt bei Traugotts Flucht im Februar 1918, so wunderbare Erfahrungen von Gottes bewahrender, führender Hand gemacht, daß mir dies wohl das so ruhige Vertrauen gab, Gott würde auch dieses Mal alles wohl machen. So habe ich vielleicht nicht mit dem ganzen nötigen Ernst die andere Möglichkeit in Erwägung gezogen. Als ich dann am nächsten Morgen, nachdem ich das Gespräch mit Traugott über Gehen oder Bleiben gehabt hatte, früh erwachte, griff ich nach meinem Neuen Testament, um daraus Licht zu suchen, und prüfte die Frage nach drei mir hier in Betracht kommenden Stellen. Es war erstens die Flucht des Paulus im Korb aus Damaskus, dann die Worte Christi an seine Jünger bei Matthäus, wo er selbst die Flucht empfiehlt, und endlich Johannes 10, 12, das Wort vom guten Hirten und vom Mietling. Ich suchte ganz objektiv zu prüfen, und kam doch immer wieder zur Überzeugung, daß es sich bei uns um einen anderen Fall handele als bei Paulus, der doch an keine einzelne Gemeinde gebunden war. Ebenso konnte ich Christi Hinweis auf eine Flucht nur so verstehen, daß gewiß die Flucht erlaubt sei für alle, die keine höheren Pflichten binden, daß aber für uns nur das Wort Johannes 10 gelte. Traugott war der Hirt einer ihm anvertrauten Herde, die aufs schwerste bedroht war, er konnte in diesem Augenblick nicht weichen, ohne zum Mietling zu werden. Ich sagte diese Gedanken Traugott, der neben mir still seine Andacht hielt. „Ja, ich bin jetzt zur selben Überzeugung gekommen", sagte er mir. Von dem Augenblick an war er ganz fest und sogar voll Freudigkeit, und ich glaube, daß kein Schwanken mehr über ihn gekommen ist. Professor Dehio und seine Frau kamen eines Morgens zu uns, um Traugott um Rat zu fragen, was sie tun sollten. Dem Professor war das Fliehen zuwider, und er wußte nicht, wofür er sich entscheiden sollte. Seine drei ältesten Töchter hatte er mit den deutschen Professoren nach Deutschland geschickt. Traugott riet ihm zu gehen, er sähe für Laien, die kein Beruf hier festhalte, keinen Grund, sich der zweifellos vorliegenden Gefahr auszusetzen. Demgegenüber stellte er sich selber, er sei zur Überzeugung gekommen, die Gemeinde nicht verlassen zu können. Professor Dehio meinte, das halte er für selbstverständlich, auch glaube er nicht, daß Traugott gefährdet sei, denn sowohl Russen wie Esten hätten Hochachtung und Wertschätzung für ihn, das hätte er immer gehört. Traugott erwiderte, daß man darauf nicht rechnen könne.

Verschüchtert und ängstlich huschten die Menschen durch die leeren Straßen. Immer wieder hörte man im Vorbeigehen: „Auch die Pastoren verlassen uns." Besonders waren es wohl gerade die der Kirche Fernstehenden, die Anstoß am Flüchten der Pastoren nahmen und einen vielleicht willkommenen Anlaß fanden, um zu sagen: „Seht, was an ihnen dran ist." Traugott sprach es mehrfach aus, daß es nicht richtig sei, so zu urteilen. Andererseits empfand er aber auch das starke Verantwortlichkeitsgefühl, welches ein Pastor nicht nur für seine eigene Person, sondern auch für die Sache, der er diene, haben müsse.

Am dritten Advent konnte ich zum erstenmal nach Monaten wieder zur Kirche gehen nach der Scharlachquarantäne. Traugott predigte über Römer 14, 7–8: „Sterben wir, so sterben wir dem Herrn"[*], eine Predigt, die ich erst später voll verstanden habe, und die mir gleich nach Traugotts Tod den ersten wirklichen Trost brachte. Später fand ich auch einen Zettel, den ein deutscher Offizier nachher Traugott geschrieben hatte, und zum Ausdruck brachte, daß diese Predigt für ihn wie für seinen Kameraden ein Ereignis gewesen sei.

Traugott und ich gingen an dem Sonntag zum Abendmahl, zum letztenmal gemeinsam auf dieser Erde. Wie immer knieten wir als Allerletzte vor dem Altar, und ich weiß noch, daß mich das heiße Gebet erfüllte: „Laß uns Frucht tragen, nicht vergeblich leben, nur vor allem Frucht tragen, jeder einzeln, und vor allem auch gemeinsam in unserem von Gott anvertrauten Berufe." Ich glaube gewiß, daß Traugott ähnliches erfüllte, obgleich er es nicht ausgesprochen hat. Nach baltischer Sitte wird jedem Abendmahlstisch ein Spruch zugerufen. Eigenartig war

---

[*] Siehe Predigtband „Glaubet an das Licht", Verlag Bertelsmann.

es, daß Traugott und ich sonst regelmäßig beim Abendmahl den Spruch erhielten: „Es sollen wohl Berge weichen und Hügel hinfallen, aber meine Gnade soll nicht von dir weichen, und der Bund meines Friedens soll nicht hinfallen." Dieses Mal aber sagte Pastor Stromberg uns das Wort: „Was kein Auge gesehen, was kein Ohr gehört, was in keines Menschen Herz gekommen ist, das hat Gott bereitet denen, die ihn lieben."

WEIHNACHTEN UNTER BOLSCHEWISTISCHER HERRSCHAFT

In der Nacht auf den vierten Advent waren die Bolschewisten in Dorpat eingezogen. Die Stadt war ihnen ohne Kampf übergeben worden. Unser Baltenregiment rückte vorher ab, da es zu klein war, um Widerstand zu leisten. In jener Sonnabendnacht erwachte ich von einem wilden Lärm draußen. Man hörte wüstes Glockenläuten, das nach Sturm und Aufruhr klang. Ich weckte Traugott. Wir horchten beide in die Nacht hinaus, jeden Augenblick gewärtig, daß wilde Horden auch in unser friedliches Haus eindringen würden. Aber es kam niemand und es wurde allmählich wieder still.

Eigentümlich war die Wirkung des durch Wochen gefürchteten Ereignisses, das nun Tatsache geworden war, auf die Bevölkerung. Man mußte an den Vogel denken, der unter dem Blick der Schlange sich nicht mehr zu rühren wagt. An Widerstand dachte niemand. Die einen waren von Furcht wie gelähmt, die anderen suchten sich mit einem merkwürdigen Optimismus über den Ernst der Lage hinwegzutäuschen. Es hieß, die Truppen sähen sehr stattlich aus, sie hielten auch auf Ordnung und wären wohl gar nicht so schlimm, wie man meine. Ja, Traugotts Predigten, die in keiner Weise den Ernst der Stunde verhüllten und Trost und Hilfe nur noch von Gott erwarteten, wurden von manchem als zu ernst empfunden. Nur zu bald sollte es ein furchtbares Erwachen geben.

Traugott und ich suchten in jener einzigartigen Advents- und Weihnachtszeit jeden Tag, der uns noch geschenkt war, recht auszukaufen. Jeder nahm in seiner Art die Gelegenheit wahr, um die Zurückgebliebenen zu stärken und zu trösten. Traugott hatte in meinem Namen von der Kanzel um Lebensmittel zur Verteilung an Bedürftige gebeten. Und nun kamen trotz der großen Not so reiche Gaben, daß es möglich war, viele damit zu erfreuen. Mit den Kindern gemeinsam zog ich aus, die vielen Säcke wurden auf kleine Rodelschlitten gepackt, und so brachten wir sie in die Häuser, sangen auch hier und da Weihnachtslieder dazu und waren selbst sehr glücklich dabei. Wir hatten beschlossen, uns untereinander nichts zu schenken, so ließ ich dieses Mal die vielen Festvorbereitungen und suchte nur den Liebespflichten zu genügen. Ein schönes Erlebnis hatten die Kinder beim alten Pastor B., der in größter Armut lebte, aber zu stolz war, um Unterstützung zu nehmen und dabei beinahe verhungerte. So konnten wir ihm nur ungenannt etwas senden. Dieses Mal schickte ich Margarete T., mit Lisel, Annemarie und Willy hin. Sie hatten Kartoffeln und Würste, Speck, Mehl und Grütze mit. Unterwegs kam ihnen ein Bolschewist entgegen, sah sie an, blieb stehen, pfiff und gab ein Zeichen, ein anderer kam angelaufen, die Kinder machten, daß sie davonkamen, und es gelang ihnen, glücklich in der betreffenden Straße anzugelangen, ohne daß die Sachen fortgenommen wurden. Keuchend trugen sie die Säcke die dunkle Treppe hinauf und klopften an die Türe. Pastor B. öffnete, und nun trugen sie alles herein. Margarete hatte eine brennende Kerze in der Hand und sagte: „Das Christkind schickt Ihnen das!" Der alte Pastor schlug die Hände vors Gesicht und Tränen stürzten ihm aus den Augen. Dann sagte er: „Ich habe immer gedacht, daß der liebe Gott mich nicht vergessen wird! Ich hatte keine einzige Kartoffel mehr in meinem Keller." Später bekam ich von Pastor B. ein rührendes Gedicht, das mir zeigte, daß er doch eine Ahnung hatte, von wo die Gaben kamen. Er schilderte darin Margarete als Weihnachtsengel, und welchen Glanz der Besuch in sein dunkles Zimmer gebracht hätte.

Traugott ging unterdessen von Haus zu Haus, besonders zu denen, von denen man hörte, daß Angst und Sorge sie schwer drückten und aus dem Geleise gebracht hätten. Ja, es war trotz allem eine schöne, eine selige Weihnachtszeit, die schönste, die ich bis dahin erlebt, so voll wirklicher Weihnachtsfreude. Traugott sagte damals zu manchen Gemeindegliedern: „Meine Frau und ich, wir sind täglich dankbar, daß wir geblieben sind..."

Es kam uns beiden immer stärker zum Bewußtsein, daß unser Bleiben nötig gewesen und gesegnet war, und daß unser Gehen der Sache Jesu Christi geschadet hätte. Eine Dame begegnete damals Traugott und sagte ihm, daß sie sich so darüber quäle, daß ihr Mann nicht geflohen sei. Da antwortete er ihr: „Jetzt, wo man den Entschluß gefaßt hat zu bleiben, soll man sich nicht hinterher quälen und die andern mit, das ist ein großes Unrecht. Den Entschluß, nicht fortzugehen und sein Schicksal hier ruhig abzuwarten, hat man mit seinem Gott durchkämpft. Er will es so haben, und nun tapfer aushalten."

Am 22. Dezember gingen Traugott und ich miteinander auf den Weihnachtsmarkt, um einen Baum auszusuchen. Traugott meinte, da wir uns keine Geschenke machten, sollte wenigstens der Baum schön sein. An diesem Punkte sparte er nie: ein schöner, großer Baum vom Fußboden bis zur Decke mit geheimnisvollen, dichten Zweigen gehörte zu unserer Weihnachtsfeier. Am 23. Dezember, morgens, klingelte es, und jemand wünschte Traugott zu sprechen. Er ging hinaus und kam nach kurzer Zeit sehr ernst zurück. Eine frühere Konfirmandin hatte ihm soeben mitgeteilt, daß in der Nacht drei Bolschewisten in die Wohnung ihres Vaters eingedrungen seien und ihn ermordet hätten. Sie hatten ihn zuerst gezwungen, ihnen zu essen zu geben, sie zu bedienen, hatten ihn mißhandelt, geschlagen, und als er in den Garten entschlüpft war, ihn dort erschossen. Seine Tochter, die mit der Mutter der Sicherheit wegen in einem andern Quartier geschlafen hatte, war geholt worden. Sie eilte zum Stadtamt, um die Mordtat anzuzeigen, wurde aber höhnisch abgewiesen: einem Baron geschähe ganz recht. Es war der erste uns alle tieferschütternde Fall, der deutlich zeigte, was man von den neuen Herrschern zu erwarten hatte.

Trotz des Ernstes, der über uns gekommen war, schmückten wir unsern Baum wie sonst. Traugott stieg selbst auf die Treppe, befestigte den kleinen Engel oben an der Decke und ließ sich Engelshaar, Walnüsse, Kerzen und sonstigen Schmuck von den Kindern hinaufreichen. Dabei wurden Weihnachtslieder gesungen, und es war ein so schönes, liebliches Weihnachtsbild, der Vater mit seinen Kindern, daß ein Gemeindeglied, das gerade bei uns war, einen tiefen Eindruck davon mitnahm, wie weihnachtlich es bei uns sei, trotz der Dunkelheit draußen. Um drei Uhr machten wir uns zum Gottesdienst fertig, nachdem die Kinder noch allerlei Päckchen herumgetragen hatten. Da stürzte eine Dame herein, wir möchten doch gar nicht zur Kirche gehen, es würden Bomben geworfen werden. Traugott forschte sofort nach, von wem die Nachricht käme, schickte zu dem Betreffenden und kam zur Überzeugung, daß es ein unbegründetes Gerücht sei. Gleich darauf kam die Professorin Girgensohn, ebenfalls höchst erregt, aber in umgekehrtem Sinne. Sie erzählte, zwei Frauen gingen auf dem Domberg allen Kirchgängern entgegen und scheuchten sie nach Hause zurück, wir möchten doch diesem Unfug entgegensteuern. Wir konnten natürlich nichts anderes tun, als unterwegs die Menschen, die wir trafen, beruhigen und ihnen zeigen, daß wir unsere vier Kinder ohne Bedenken mitnahmen. Es war zum erstenmal, daß Beatchen in die Weihnachtskirche kam. Sie ging an der Hand ihres Vaters, und ich sehe noch die beiden vor mir, Traugott so lang und groß und etwas gebückt und ganz vertieft in seinen kommenden Gottesdienst und das kleine Pünktchen an seiner Seite.

Die Kirche war trotz allem gedrängt voll. Zwei strahlende Lichterbäume brannten, und der Chor sang wunderbar. Traugott sah sich, als er an das Pult kam, wie stets an diesem Abend, zuerst suchend um, bis er mich und die Kinder entdeckt hatte, dann ging ein Leuchten über seine Züge, und nun las er die herrlichen Weihnachtsverheißungen und die Weihnachtsgeschichte, deren tröstliches Licht all den vielen verzagten Herzen heller leuchtete denn je zuvor.

Als das Nachspiel verklang, kamen nach alter Art viele liebe Menschen, drückten uns die Hand und wünschten uns gesegnete Weihnachten. Dann ging ich mit den Kindern zu Traugott in die Sakristei, und alle zusammen traten wir den Heimweg an auf dem knisternden Schnee in der dunklen Winternacht. Eine Dame aus der Gemeinde erzählte mir später, daß sie sich an jenem Abend von dem Bild der erleuchteten Kirche mit den Weihnachtsbäumen nicht hätte losreißen können, immer wieder stehen blieb und zurückschaute in weher Vorahnung: so schön wird es nie, nie wieder sein.

Den Weihnachtsabend verbrachten wir nach alter Art still und friedlich. Die Kinder waren glücklich über ihre kleinen Geschenke, die ich aus meinem Kinderschrank für sie zusammengesucht hatte. Auch Traugott und ich hatten einen Tisch mit kleinen Gaben aus der Gemeinde: schöne Frühlingsblumen, Briefe, Grüße, aus denen uns der Dank für unser Bleiben entgegenklang. Wie waren wir trotz des Dunkels draußen noch so glücklich, so reich! Ich empfand das tief und sprach es Traugott gegenüber aus: „Wir wollen es ausnutzen, daß wir noch unser eigenes Heim haben und andere Menschen an unsern Tisch nehmen können, wer weiß, wie lange das noch möglich ist!" Das war freilich ganz in seinem Sinn. So luden wir uns denn zum ersten Feiertag nachmittag verschiedene einsame Junggesellen ein. Es war sehr gemütlich.

In diesen Weihnachtstagen verbrachten wir einen schönen Nachmittag bei unseren Freunden Hirschs. Herr von Samson-Kawa mit seiner Frau war auch zugegen. Wir ahnten nicht, daß wir im Schatten des Todes saßen und Frau von Samson und ich schon nach drei Wochen unsere Männer würden hingeben müssen, auf dieselbe Art, am selben Tage.

Es war davon die Rede, was die Zukunft wohl bringen werde. Da sagte Traugott: „Feste Zukunftspläne lassen sich im Augenblick weniger denn je machen, eben muß man in den Tag hineinleben, aber nur mit Gott, im festen Glauben und Vertrauen auf ihn. Zu bekämpfen ist jetzt besonders die Furcht, die eine Anfechtung des Teufels ist. Hat man ihr einmal Raum gegeben, so gewinnt sie die Herrschaft über den Menschen und wirkt lähmend." Als vom Auswandern gesprochen wurde, sagte Traugott, daß ihm jetzt manchmal Australien als Ziel vorschwebe, und dann meinte er, daß man in der Fremde möglichst wieder eine Gemeinschaft bilden müsse. Man sollte einzelstehende Persönlichkeiten nicht allein zurücklassen, wie z. B. alte Lehrerinnen, denen man Dank schuldig ist.

In jenen Tagen, hatte Traugott die Beerdigung des alten Professor Hausmann, eines der letzten aus der Zeit einstiger Dorpater Größe.

Von erschütterndem Ernst war die Beerdigung des Ermordeten, die in der Kapelle des alten Friedhofs stattfand. Als alle sich versammelt hatten, wurden auf einen Wink von Traugott die Türen geschlossen; was er zu sagen hatte, durfte nicht in die Öffentlichkeit. Er sprach über das Wort aus der Bergpredigt: „Selig sind, die um Gerechtigkeit willen verfolgt werden, denn das Himmelreich ist ihr." Ahnungsvoll begann er mit den Worten: „Wie bald kann einer von uns hier ebenso liegen, und wie wichtig ist es, daß wir uns da innerlich klären und Stellung nehmen, wie Gottes Wege und Absichten zu verstehen sind. Hüten wir uns freilich davor, alles erklären zu wollen, der große Gott tut vieles, was wir nicht verstehen können und wollen." Dann warf er die Frage auf, ob man ein Sterben wie dieses auch unter das Wort stellen dürfte „die um Gerechtigkeit willen verfolgt werden"? Ganz direkt könne man es ja nicht anwenden, doch müsse man sich klarmachen, wem der Verstorbene zum Opfer gefallen sei. Zwei Weltanschauungen stünden jetzt im Kampf miteinander. Der Ermordete sei als Vertreter der einen gehaßt und ermordet worden. So dürfe man auch hier das Wort anwenden „die um Gerechtigkeit willen verfolgt werden".

DAS VERBOT DER GOTTESDIENSTE UND DIE LETZTEN TAGE ZU HAUSE

Hier und da hörte man schon von Verhaftungen. Jedesmal ging es dabei wie ein Schlag durch alle: Herr von T. verhaftet, die drei Brüder von S. verhaftet und andere mehr. Einem Herrn gelang es, gegen 10 000 Rubel Lösegeld freizukommen. Damals führten noch die Russen das Regiment, doch in den letzten Tagen des alten Jahres wurde die russische Verwaltung abberufen und statt dessen eine estnische, bolschewistische Verwaltung eingesetzt. Damit begann eine neue, unheilvolle Periode. Mit den Russen hatte man noch verhandeln, mit Geld etwas ausrichten können; die estnischen Kommissare jedoch waren unzugänglich, von einem wütenden Haß beseelt, durch nichts zu erweichen. So kam der Sonntag nach Weihnachten. Wir ahnten nicht, daß Traugott damals zum letztenmal auf seiner Kanzel stand. Er hatte als Predigttext 1. Johannes 4, 9 und 10 genommen: „Darin bestehet die Liebe: nicht, daß wir Gott geliebt haben, sondern daß er uns geliebt hat und gesandt seinen Sohn, daß wir durch ihn leben sollen." Früher einmal hatte er mir gesagt, daß er sich diesen Text zu seiner Beerdigung wünsche. War es eine Vorahnung, die ihn nun für seine letzte Predigt auf Erden gerade diesen Spruch wählen ließ? Seine letzten Worte auf der Kanzel waren: „Gott ist dennoch vor allem die Liebe, und so kann uns nichts das Leben nehmen."

Nach dem Gottesdienst gingen wir beide zum alten Pastor Eisenschmidt, der seinen 81. Geburtstag hatte. Dort trafen wir mit einigen andern Pastoren zusammen; alle machten ernste Gesichter und besprachen schon die Möglichkeit eines Verbots der Gottesdienste.

Mit einem jungen Amtsbruder suchte Traugott in diesen Tagen den russischen Bischof Platon auf, um auch mit ihm Fühlung zu nehmen, eine Tatsache, die früher nicht denkbar gewesen wäre bei der gespannten Stellung der Konfessionen zueinander. Nun verband die gleiche Not die evangelisch-lutherische und die griechisch-katholische Kirche. Der Bischof erklärte, daß er sich an das Verbot der Gottesdienste nicht halten werde. Solange noch ein einziges russisches Mütterchen in seine Kirche käme, werde er den Gottesdienst zelebrieren. Dann küßte er Traugott, schlug das Kreuz über ihm und segnete ihn. Traugott wiederum legte die Hände auf sein Haupt und segnete ihn mit einem Gotteswort. Alle waren sehr bewegt, und der Bischof sagte: „Nun sehen wir, daß die Konfessionen nur Wände sind, von Menschen aufgerichtet, über uns allen aber wohnt derselbe Gott und Heiland."

Zwei Tage vor Jahresschluß fand wie alljährlich die große Anmeldung zur Silvesterkommunion im Pastorat statt. Traugott bat mich schon am Morgen, ihm wieder die Zusammenstellung der Geborenen, Getauften, Konfirmierten und Verstorbenen fürs verflossene Jahr zu machen, die er von der Kanzel am Silvesterabend vorzulesen pflegte. Gemeinsam suchten wir stets die dazu passenden Sprüche aus.

Die Menschen gingen aus und ein. Mit einemmal stürzte Traugott in den Saal und sagte mir sehr erschüttert: „Eben kommt die Nachricht, daß die Gottesdienste verboten worden sind, die Kirchen sollen alle geschlossen werden. Jede gottesdienstliche Handlung, auch Taufen, Beerdigungen und Trauungen sind bei strengster Strafe untersagt."

Was nun tun? Unser erster Gedanke war: Wir werden uns doch nicht fügen, wir wollen trotzdem Kirche halten. Traugott berief noch am selben Abend seinen Kirchenrat, der erregt die Sache hin und her erwog. Aber sie wurden alle einig, daß eine Durchsetzung des Gottesdienstes zu wilden Tumultszenen und zur Entheiligung der Kirche führen würde. Auch Traugott und Stromberg fanden es richtiger, sich der Gewalt zu fügen.

Am ersten Januar hielt unter mächtigem Volksandrang ein Bolschewist von der Kanzel der estnischen Petrikirche aus eine Rede. Nach allerlei Lästerungen und Verspottung des Heiligen wurde den Männern verboten, das Haupt bei Betreten der Kirche zu entblößen, und schließlich wurde ein Maskenball in der Kirche angesagt. Die Erregung in der Bevölkerung war groß, aber niemand wagte, gegen die brutale Gewalt anzutreten. Die Angst trieb manche den Bolschewisten in die Arme, denn alle, die es mit ihnen hielten, wurden gut versorgt mit Lebensmitteln und standen außer Gefahr, während den andern Hunger und Verhaftung drohte. Auch die Wohnungen der Geflüchteten wurden nun ausgeraubt und ihre Einrichtungen zum Volkseigentum erklärt.

Die Wolken zogen sich immer dunkler zusammen. Eine schwere Stimmung lastete über uns.

Den Silvesterabend wollten wir doch nicht ohne Gottes Wort vorübergehen lassen. Traugott beschloß, bei uns im Hause eine Predigt zu halten, und zwar zweimal, eine am Nachmittag, die andere am Abend; zu jeder wurden etwa 30 Personen unter der Hand aufgefordert. Aber auch hier merkte man die verschiedenen Anlagen der Menschen. Es gab auch solche, die zu ängstlich waren, um zu kommen.

Eine Zeitungsnotiz in einem kleinen russischen Blatt machte uns stutzig. Dort stand ganz unscheinbar eine Nachricht aus Moskau: „Sämtliche Geistliche aller Konfessionen hätten das Land binnen vierundzwanzig Stunden zu verlassen." Ob das ein Befehl der Regierung sei, von wo das ausginge, von wann an das zu rechnen sei, darüber stand dort gar nichts. Dazu war die Nachricht aus Moskau. Sollte man sich um ein solches unbestimmtes Einängstigen kehren? Zur Sicherheit wurde aber doch von einigen Seiten auf dem Büro der Bolschewisten nachgefragt, ob es sich hier um einen Befehl handele? Sie antworteten, sie wüßten gar nichts davon.

Nach der Andacht berieten wir mit einigen Gemeindegliedern die Lage. Die Damen hatten allerlei Vorschläge, ob Traugott nicht doch fort müßte, vielleicht im Schlitten nach Reval? Die Pflicht, bei der Gemeinde zu bleiben, hatte ja jetzt aufgehört, wo die Wirkungsmöglichkeiten ganz unterbunden waren. Eine von ihnen, die dabei war, kam auf einen guten Gedanken. Ihres Bruders Förster aus W. war eben da und würde in den nächsten Tagen dorthin zurückfahren. Er könne Traugott mitnehmen und ihn von W. aus weiter an die Kleinbahn schicken, von wo aus Reval zu erreichen wäre. Wir waren sehr einverstanden, aber noch am selben Abend kam Fräulein von Ö. nochmals herüber, um zu sagen, daß der Förster gar nicht mehr nach W. zurückkehren könne, da es bereits von Bolschewisten besetzt sei.

An diesem Silvesterabend waren wir beide todmüde von all den Aufregungen, von den beiden Gottesdiensten und dem Hin und Her. So haben wir zum erstenmal in unserer Ehe diesen Abend leider nicht still miteinander unter dem Weihnachtsbaum verbracht, rückblickend auf die äußere und innere Entwicklung unseres Lebens, vorausblickend in die Zukunft.

Wenn wir von etwaigem Fortfahren Traugotts sprachen, so wurde der Gedanke erwogen, ob ich ihn begleiten solle, woran Traugott zu liegen schien. Die Kinder sollten unter Umständen zunächst bei einer engen Freundin zurückbleiben. Daß sie aber dann nicht in unserer ganz schutzlosen Wohnung sein könnten, war auch klar. Wohin aber? Die meisten Häuser waren ebenso gefährdet. Wir überlegten hin und her. Ich kam endlich zu der Überzeugung, daß ich die Verantwortung für die Kinder nicht fremden Menschen überlassen dürfe, sondern selbst für sie einstehen müßte, so schwer es mir wäre, Traugott allein ziehen zu lassen. Ich sagte das Traugott und kann es nicht vergessen, wie er zuerst nur fragte: „Warum?" und dann, als ich ihm die Gründe gesagt, einfach schwieg, aber so traurig, daß ich es noch eben fühle, wie er sich mit einemmal noch viel mehr verlassen vorkam.

Der Neujahrsmorgen 1919! O, welch ein Jahr begann damit! Noch erwachte ich an Traugotts Seite zum letztenmal! Ein Gefühl des Dankes gegen Gott erfüllte mich, ich mußte nach meiner Bibel greifen und den 103. Psalm lesen. Ich sagte das auch Traugott: „Ich bin heute mit dem 103. Psalm erwacht. Ich bin so gewiß, Gott wird für alles sorgen, er wird unsere Wege leiten und führen und wird auch dir zeigen, was du tun sollst. Wenn du fort mußt, so wird der Schlitten vor der Tür stehen und alles für dich bereit sein." Traugott antwortete mir: „Mamichen, du bist alttestamentlich." „Wieso?" entgegnete ich. „War Luther alttestamentlich, als er sang: ‚Ein' feste Burg ist unser Gott, ein' gute Wehr und Waffen'?" „Nein", sagte Traugott, „aber Luther fährt auch fort: ‚Nehmen sie den Leib, Gut, Ehr, Kind und Weib, laß fahren dahin', Christus hat uns nie verheißen, daß es uns leiblich gutgehen werde, im Gegenteil, er verheißt uns Verfolgung und Kreuz, wenn wir ihm nachfolgen."

Nach einer Pause sagte mir Traugott: „Ich habe zwei Texte, über die ich gerne noch sprechen möchte, der eine: ‚Alle eure Sorge werfet auf ihn, denn er sorget für euch', der andere die Geschichte vom Blindgeborenen."

Am Morgen des ersten Januar versammelten sich wieder Menschen bei uns zur Andacht. Als sie fortgegangen waren, klingelte es, und die Schwester von Pastor R. erschien, um uns zu warnen. Ihr Bruder, Pastor an einer estnischen Gemeinde, sei heute morgen verhaftet worden. Wir möchten uns vorsehen. „Vielleicht wäre es richtig, daß du jetzt die Nacht woanders schläfst", sagte ich zu Traugott. Wir hatten das schon früher besprochen. Traugott griff den Gedanken auf, und am Abend erklärte er mir, er werde zur Nacht fortgehen, mir aber nicht sagen wohin. Er ging schnell nach draußen, um mit einer Mittelsperson zu sprechen, die mir immer Nachrichten von ihm bringen sollte. Als ich fragte, wer es sei, antwortete er: „Das wirst du schon morgen erfahren."

Frau Professor Girgensohn kam gerade zu uns, und ich saß mit ihr im Saal, während Traugott seine Sachen zusammenlegte. „Es ist mir so schwer zumute", sagte ich zu ihr. „Warum?" fragte sie, „hältst du es nicht für richtig, daß er sich verbirgt?" „Doch", erwiderte ich, „ich halte ihn jetzt für ganz frei zu gehen, wo er an der Gemeinde nicht mehr arbeiten kann" (auch die Andachten bei uns im Hause konnten von da ab nicht mehr stattfinden, da jede Art von Versammlung verboten wurde), „aber mein Herz ist doch schwer bei seinem Fortgehen, ich weiß selbst nicht warum, wage aber doch nicht, Traugott davon abzuhalten." Wir packten Traugotts kleines Köfferchen.

Ich lasse hier einen Bericht von unserer Tochter Liesel folgen über jenen letzten Abend, den Traugott in seinem Heim verlebte, und den sie bald nach dem Tode des Vaters niederschrieb:

„Am Neujahrsabend mußte Vater fort, um sich vor den Bolschewisten zu verbergen. Wir glaubten fest, da es das vorige Jahr so gut gegangen war, daß der liebe Gott ihn auch dieses Mal schützen werde. Aber es war so schrecklich, Vater in Gefahr zu wissen. Ich saß am Klavier und lehrte Ati ‚Vom Himmel hoch' spielen und dachte daran, Ati den ersten Teil, den sie schon konnte, Vater vorspielen zu lassen. Aber ich wollte doch lieber warten, bis er wiederkäme und Ati es ganz gut könnte. Wir aßen Abendbrot. Ich machte mit Annemarie ein Päckchen von unseren Bonbons und Plätzchen, und wir legten es in Vaters Köfferchen. Dann kam Vater. Wir setzten uns alle hin und sangen ein Weihnachtslied, und Vater hielt eine Andacht über: ‚Es sollen wohl Berge weichen und Hügel hinfallen, aber meine Gnade soll nicht von dir weichen . . .', dann betete Vater, Gott möge uns beschützen und sprach den Segen. Ich höre noch genau seine Stimme, wie er es sprach, dann küßte er jeden einzelnen von uns und ging ins Vorzimmer, sich anzuziehen. Ich lief mit, Vater zog seinen Pelz an. Ich höre noch, wie er besorgt sagte: ‚Erkälte dich nicht, Lottichen, es ist kalt hier.' Ich konnte nicht ins Bett. Immer wieder küßten wir ihn. ‚Gott behüte dich, mein Mamichen, Gott behüte euch, Kinder' – dann war er fort. Ati weinte bitterlich in ihrem Bett. Mami suchte sie zu trösten, und wir sangen zusammen: ‚Breit aus die Flügel beide' und ‚Auch euch ihr meine Lieben'..."

Soweit Liesels Erinnerungen. Es war der letzte Abschied von seinem Heim gewesen und eigentlich von uns allen.

DIE VERHAFTUNG

Der Abschnitt, der jetzt kommt, schneidet noch immer mit tausend Messern durch meine Seele, und das kann erst aufhören, wenn auch mein Herz nicht mehr schlägt.
Der nächste Tag verlief unglaublich unruhig. Vom Morgen an klingelte es ständig und alle möglichen Menschen verlangten nach Traugott. Ich sagte, er sei nicht zu Hause, aber manche drangen geradezu in mich und brachten mich sehr in Verlegenheit. Eine sehr aufgeregte Dame, die eine große Verehrung für Traugott hatte, hielt mich im Wohnzimmer fest und wetterte mit Temperament dagegen, daß man die Pastoren zum Fortgehen zwinge – wo er denn sei, fragte sie. Im Flur wartete ein Schuster auf die Bezahlung seiner Rechnung, und ich wußte, daß er jedes Wort hörte, das wir sprachen. Gleichzeitig kam eine andere Frau in großer Herzensangst um ihren Mann, um sich auszusprechen und Trost zu suchen, endlich ein ganz fremder Herr, der dringend verlangte zu erfahren, ob Traugott sich verbergen werde; er wolle daraus schließen, wie er selber sich zu verhalten habe. Ich antwortete ausweichend; was durfte ich ihm, dem Fremden denn auch sagen? Kaum war er fort, da erschien eine fremde estnische Frau, die sich als Pastorin vorstellte und vorgab, in großen inneren Seelenängsten zu sein, sie müsse unbedingt Traugott seelsorgerlich sprechen. Meine Antwort, daß er nicht zu Hause sei, half nichts, sie ließ nicht nach, mit einer geradezu unglaublichen Hartnäckigkeit immer aufs neue zu forschen und zu fragen, wo er sich aufhalte, ich möchte es ihr doch verraten, damit sie ihn dort aufsuchen könne.

Ich wußte nicht, wo mir der Kopf stand, hatte das Gefühl, daß jedes Wort eine Gefahr für Traugott bedeutete, daß vielleicht Spione uns umgäben – kurz, es war schrecklich! Zum Glück kam Stromberg und half mir, den einen oder andern zu beruhigen und abzufertigen. Am Nachmittag erschien Fräulein Hirsch und bat mich in Traugotts Namen (sie war also die von ihm erwählte Mittelsperson), gegen abend zu

Frau K. zu kommen und einige Kleinigkeiten mitzubringen, die Traugott zu haben wünschte.

Es war dunkel, als ich mich aufmachte, und noch fühle ich das eigene Gefühl der Erwartung, als ich an seine Tür klopfte und er mir öffnete und mich so warm und erfreut begrüßte. Wir setzten uns auf das kleine Sofa in der Ecke und erzählten uns, ich von den Erlebnissen zu Hause, er von seinen. Ich gewann den Eindruck, daß ihn das Versteck schon drückte und daß er darunter litt, untätig dazusitzen und nicht für andere arbeiten und wirken zu können. Auch war er in Sorge wegen Stromberg, da er gehört hatte, daß die Bolschewisten ihn in seinem Quartier gesucht hätten. Es war aber gelungen, Stromberg aufzuhalten, nach Hause zurückzukehren, und auch er sollte nun die Nacht anderswo verbringen.

Traugott hatte die Absicht, für diese Nacht wieder ein anderes Haus aufzusuchen, damit ich nicht wüßte, wo er wäre, falls es bei uns Hausdurchsuchung gäbe. Ich bat ihn sehr, doch noch eine Nacht bei Frau K. zu bleiben, wo er es so gut hatte. Er wollte erst nicht recht, gab aber dann – leider – doch nach.

Ich hielt das Versteck bei Frau K. für so sicher und stand dabei unter dem Eindruck, wie Traugott das Vorjahr darunter gelitten hatte, jede Nacht eine andere Unterkunft suchen zu müssen. Hinzu kam, daß es nicht so leicht war, ein richtiges Haus zu finden. So gern die Gemeindeglieder an sich Traugott aufnahmen, so wußte man nicht, wie weit sie nicht doch schließlich ängstlich waren, am Ende dabei hereinzufallen, wenn man ihn bei ihnen fände.

Am dritten Januar erwachte ich früh mit einem unruhigen, quälenden Gefühl. Ich wußte nicht, was mir war. Ich bat Gott, es mir doch zu zeigen, und prüfte immer wieder Traugotts Lage und seine Handlungsweise. Endlich kam ich im Gebet zu der Überzeugung, es wäre richtiger, wenn Traugott sich nicht verberge, sondern ruhig und offen zu Hause den Lauf der Dinge abwarte und noch so viel Berührung und Wirkungsmöglichkeiten mit der Gemeinde suche als irgend möglich. Mit diesem Entschluß wurde ich innerlich ruhiger, wagte aber doch nicht, daraufhin allein zu handeln, und in der Angst meines Herzens, wen ich wohl um Rat fragen könnte, wessen Urteil wirklich so ganz ernst und gewissenhaft sein werde, daß es mir helfen könnte, fiel mir die Leiterin unserer

Mädchenschule ein, ein ganz besonders wertvoller Mensch, zu dem ich dieses Vertrauen hatte. Ich schickte zu ihr, und bald darauf kam sie. Leider, leider, sage ich jetzt – denn man sollte, wenn man sich mit Gott beraten hat und zu einer Überzeugung gekommen ist, nicht mehr Menschen fragen, sondern fest und entschlossen vorgehen. Hätte ich das getan, so wäre ich gleich zu Traugott gegangen, und er wäre wohl sofort nach Hause gekommen. Der Gefangennahme wäre er auch hier nicht entgangen, aber wir hätten doch noch einige Stunden schöner Gemeinschaft gehabt und hätten Abschied nehmen können.

Diese Frau war ganz meiner Ansicht: zurückkommen, offen seinen Mann stehen, ja auch furchtlos Andachten halten, wenn nicht im Pastorat, dann anderswo. Als ich ihr sagte, wie ängstlich die Menschen seien, fand sie das ganz erbärmlich. Nun kam Stromberg dazu, und dadurch zog sich unser Gespräch sehr in die Länge. Er war anderer Ansicht. Traugott müsse sich durchaus verbergen, es sei nicht richtig, wieder herauszutreten usw. Ich beschloß, Traugott nicht von mir aus zu beeinflussen und sagte nur: „Ich glaube, wenn Gott es mir ins Herz gegeben hat, daß er zurückkommen soll, so wird er es auch ihm gesagt haben." Gleich darauf kam Fräulein Hirsch als Abgesandte von Traugott. Sie erzählte, am Vorabend seien Herr und Frau K. bei denen Traugott sich aufhielt, auf der Straße verhaftet worden mit zahllosen anderen, die auch so aufgesammelt wurden, dann aber hätte man sie nach einigen Stunden wieder nach Hause entlassen mit einer Bescheinigung, daß sie frei wären. Traugott war über ihr Ausbleiben sehr beunruhigt gewesen, er bat mich, hinzukommen und alles mit ihm zu beraten.

Wenn ich doch gleich gegangen wäre! Aber von allen Seiten war noch was nötig, eine Dame schickte nach ihren Mehlsäcken, wollte sie gleich zurückhaben, sie mußten freigemacht werden, eine Arme wartete schon längere Zeit in der Küche und wollte Lebensmittel haben. So schnell ich konnte, suchte ich alles zu erledigen, aber es nahm doch Zeit. Endlich konnte ich fortgehen nach einem stillen Augenblick in unserem Zimmer, wo ich Gott um den rechten Entschluß bat. Als ich an Traugotts Tür klopfte, eilte er mir entgegen. Fräulein von B. saß gerade bei ihm, und er hielt ihr eine Andacht. Als sie aufstehen wollte, sagte er ihr: „Bitte, bleiben Sie nur, meine Frau wird gerne zuhören." Ich setzte mich dazu und hörte nun zum letztenmal Gottes Wort aus Traugotts Munde. Es war eine Neujahrsandacht über 1. Petrus 5, 6–7. Als ich nach Traugotts Tode seine Taschenbücher aus dem Gefängnis zurückerhielt, fand ich die Niederschrift zu dieser Andacht.

Als Traugott geendet hatte, ging Fräulein von B. Gleich darauf kam Stromberg dazu. Traugott erzählte uns nun, welch eine Angst ihn gepackt hätte, als er in der letzten Nacht plötzlich Menschen die Treppe heraufkommen hörte; er hatte geglaubt, es wären die Häscher, und es war ihm klar geworden, in eine wie gefährdete Lage er das fremde Haus bringe, in dem er sich befinde. Ob es aus diesem Grund, zumal ein Verstecken auch ganz nutzlos scheine, nicht richtiger sei, nach Hause zurückzukehren? Eine große Freude ging durch mein Herz, so waren wir zu demselben Resultat gekommen, wenn auch auf verschiedenem Wege. Ich sagte Traugott, daß ich dasselbe gewünscht hätte. „Warum?" fragte er. „Wer sein Leben behalten will, der wird es verlieren, und wer sein Leben verliert um meinetwillen und des Evangeliums willen, der wird's behalten (Mark. 8, 35)", sagte ich. Es käme mir richtiger vor, offen seinen Mann zu stehen. Wir waren beide ganz glücklich und fingen an, uns auf das Nachhausekommen zu freuen.

Frau K. kam herein. Traugott rief ihr zu: „Wir haben eben beschlossen, daß ich nach Hause zurückkehre, meine Frau meint auch, es sei tapferer und richtiger." Wir besprachen nun, daß er gleich nach dem Mittagessen nach Hause kommen solle. „Ich freue mich schon recht darauf", sagte Traugott, „es ist doch ganz was anderes, wenn man wieder zusammen ist." Stromberg ging, und ich folgte gleich darauf, nachdem Traugott mir noch einen innigen Kuß gegeben hatte, den letzten, ich sah ihn später nur noch einmal in Gegenwart der Wärter. Aber dieses Zusammensein war so schön, weil wir so eins waren in unserem Denken und Fühlen und weil die Freude auf die Wiedervereinigung darauf lag.

Als ich aus der Türe trat, ging Stromberg auf die eine Seite, ich auf die andere. Aber gleich bei den ersten Schritten stutzte ich. Die Straße herauf kam ein unheimlicher Zug, schwerbewaffnete russische Soldaten mit hohen Pelzmützen, von wildem Aussehen, mit Flinten, Stangen und Messern. An ihrer Spitze ging neben dem Führer ein langer, schwarz gekleideter Zivilist, der lebhaft sprach und umherzeigte, Judas! Noch wußte ich nicht, wohin sie wollten, ich blieb stehen, ließ sie an mir vorbei und sah ihnen nach. Da löste sich einer aus der Gruppe und stürzte auf mich zu. Ich hatte den Eindruck, daß er mich greifen wolle. Ich kehrte um und ging nach Hause. Dort eilte ich zu Margarete und erzählte ihr, was ich gesehen hatte, und bat sie, mit mir hinauszukommen, damit wir uns überzeugten, worum es sich handle. Aber es war vergeblich. Vor unserer Hofpforte sahen wir zu unserem Schrecken einen der wilden Soldaten mit aufgepflanztem Bajonett stehen: wir durften das Haus nicht verlassen. In banger Sorge gingen wir ins Haus. Da wurde ich in die Küche gerufen, ein widerlich aussehender Bettler stand mitten drin, sah mich mit frech lauerndem, höhnischen Grinsen an und verlangte, indem er mir eine geballte Faust entgegenstreckte, nach Essen. Ich wich unwillkürlich zurück, sagte der Köchin, sie solle ihm was geben. Er nahm es und ging aus der Tür. Ich sah ihn im Laufschritt zur Straße eilen, als gelte es etwas Interessantes zu versäumen. Dieser Mann hatte hineingedurft trotz der Wache. Wir setzten uns zu Tisch. Mit einemmal erschien die Köchin in der Tür und winkte Margarete zu. Ich sprang auf und stürzte klopfenden Herzens mit ihr in die Küche. Da hörten wir, die Hausknechtsfrau sei dagewesen und hätte erzählt, sie hätte gerade dem B.schen Hause gegenüber Brot geholt und dabei gesehen, wie Traugott gefangen fortgeführt worden sei. Er hätte sie mit einem unendlich traurigen Blick angesehen. Ich erbebte im Innersten. Margarete und ich warfen unsere Pelzmäntel um und stürzten auf die Straße. Da sahen wir schon den Zug kommen, von der Marienhofschen Straße her zur Marienkirche hin, Traugott und Stromberg, den alten Herrn von B. und Herrn K. inmitten der Soldaten. Wir wollten ihnen nacheilen, aber ein paar der wilden Gesellen stellten sich uns in den Weg, sahen uns frech an, und wir merkten, daß sie uns nicht durchlassen würden. Wir schwenkten deshalb auf die andere Seite ab, den Wallgraben hinunter. Einer der Soldaten stürzte uns im Laufschritt nach und hielt sich zuerst dicht an unsere Fersen. Als wir ihn aber gar nicht beachteten, ließ er uns und bog ab. Wir eilten nun auf einem andern Weg zur Gartenstraße. Da sahen wir den Zug mit den Gefangenen vor dem Gebäude, in welchem der rote Stab sich befand, stehenbleiben. Vergeblich suchte ich nach einem Blick von Traugott. Er sah mich scheinbar gar nicht, ich glaube aber, daß er es absichtlich vermied, irgendeine

Beziehung zwischen ihm und uns zu verraten, damit wir nicht auch gegriffen würden. Stromberg sagte mir später, daß Traugott uns wohl gesehen hätte. Dann wurden sie ins Stabsgebäude geführt. Margarete folgte ihnen mit anderen Leuten, wurde aber nicht hineingelassen. Ich ging zu der Professorin S. hinein, die gerade gegenüber wohnte, und bat, ob ich von ihrem Fenster aus das weitere beobachten dürfe. Eine Zeitlang saß ich da und starrte auf die Staße. Als es länger dauerte, trieb mich die innere Unruhe, irgend etwas zu tun, ich wollte zu Frau K. eilen, um Näheres über die Verhaftung zu erfahren, und ließ Annemarie auf dem Beobachtungsposten. Es hatte nicht lange gedauert, da waren die vier Männer herausgeführt worden, und, umgeben von den rohen Soldaten, von schimpfenden Weibern und höhnenden Straßenjungen, wurden sie durch die Straßen der Stadt am Rathaus vorbei zum Polizeigebäude am Embach gebracht. Annemarie, die mit Margarete folgte, sagte, es sei schrecklich gewesen. Frau von T. sah in der Kühnstraße von ihrem Fenster aus den Zug vorbeigehen. Sie war tief erschüttert, sagte mir aber, es sei ein erhebender Anblick gewesen, wie Traugott ging – erhobenen Hauptes, mannhaft und fest.

Ich war unterdessen zu Frau K. gelaufen, kam aber zu meiner großen Enttäuschung nicht herein. Vor der Türe stand eine Wache und ließ niemand hinein und niemand hinaus. Erst viel später hörte ich, wie es bei der Verhaftung zugegangen war. Traugott war oben bei K.s, als plötzlich die Nachricht kam, die Häscher seien unten im Hause bei Herrn von B. Da hat Traugott seinen Mantel angezogen und ist selbst hinuntergegangen, ohne abzuwarten, daß man direkt nach ihm fragte. Doch glaube ich gewiß, daß die Verhaftung von vornherein auf Traugott und Stromberg gemünzt war, denn der Befehl lautete, alle im Hause befindlichen Herren zu verhaften. Auch auf Herrn K., der gerade ausgegangen war, wurde gewartet, bis er wiederkam. Während dieser Zeit setzten sich Herr von B. und Traugott an den schon gedeckten Mittagstisch und aßen ein wenig, wohl das letzte an diesem Tage.

Wenn ich mir vorzustellen suche, was Traugott damals empfand, so glaube ich, daß bei tiefster Erschütterung und der Überzeugung, an einem entscheidenden Punkt seines Leben angelangt zu sein, er um unserer Kinder willen dankbar war, daß ich gerade das Haus verlassen hatte und daher nicht mit verhaftet wurde, wie es ja um ein Haar geschehen wäre. Auch denke ich mir, daß Strombergs Nähe ihm ein gewisser Trost gewesen sein muß. In ihm hatte er doch einen gleichgesinnten, ernsten Freund zur Seite. Stromberg war nämlich, als er aus der Tür trat, vor einem Ladenfenster in der Nähe stehengeblieben, gefesselt durch irgend eine ganz belanglose Kleinigkeit. In diesem kleinen Umstand sah er später eine göttliche Fügung, die ihn mit Traugott zusammen ins Gefängnis führen sollte, eine Fügung, für die er trotz allem Schweren, das sie ihm brachte, dankbar war. Denn nun sah er sich plötzlich von Soldaten umringt. Er wurde verhaftet. Am Morgen desselben Tages hatte er in einem kleinen Laden einen Einkauf gemacht und der Kaufmann hatte ihm mit eigenartiger Betonung gesagt: „Wünsche Ihnen gutes Ergehen, Herr Baron", so daß Stromberg, dem der Mann ganz fremd war, ihn überhaupt ansah. Offenbar war doch alles ein abgekartetes Spiel, Traugott und Stromberg wurde ganz systematisch aufgelauert. Dafür spricht auch, daß das ganze Gartenviertel, zu dem unser Haus mit einer Anzahl anderer Häuser gehörte, während der Verhaftung von Wachen umstellt war. Hätte man Traugott bei B. nicht gefunden, so wäre er bei uns zu Hause gesucht worden.

Traugott selber hatte, als sie fortgeführt wurden, zu Stromberg gesagt: „Es ist doch schön, daß jeder Zufall hier ausgeschlossen ist, eben hatten wir gerade die Rückkehr beschlossen, da kamen die Häscher und vereitelten sie." Er fühlte offenbar stark das, was er so oft in seinen Predigten ausgesprochen hatte, daß es bei Gott keinen Zufall gibt, nicht einmal eine Zulassung, sondern daß alles Geschehen eine Tat Gottes ist. Er läßt das Böse unter Umständen sich auswirken, obgleich es an sich nicht gottgewollt ist, aber Gott benutzt es nun, um es seinen Zwecken dienstbar zu machen, wie einst auf Golgatha.

Am Abend machten wir uns auf, um unseren Gefangenen einen Korb mit Butterbroten zu bringen. Aber vergeblich fragten wir im Polizeigebäude und in den andern Gefängnissen nach, niemand wußte etwas von ihnen. In Wirklichkeit waren sie den ganzen Nachmittag über im Polizeigebäude in der Untersuchungshaft festgehalten worden. Stromberg sagte mir, man hätte viele widerliche, gemeine Szenen beobachten können, aber er glaube, Traugott habe sie gar nicht gesehen und gemerkt. Ich kann mir das gut denken, all das war seiner reinen

Natur so fremd, und seine Seele wird ganz nach innen gekehrt, in ununterbrochenem Kontakt zu Gott gestanden haben.

Am späten Abend wurden alle vier Herren in die Kreditbank übergeführt in eine Zelle, in der sich schon eine große Anzahl Gefangener befanden. Man kann sich den Lärm und die Stickluft vorstellen, die dort herrschte. Als einer einmal das Fenster geöffnet hatte, kam eine Wache herein und stempelte das zum größten Verbrechen, er verlangte, der Betreffende müsse sich auf der Stelle melden, sonst würden alle erschossen werden. Diese Drohung wurde bei jeder Gelegenheit wiederholt. Zur Nacht gab es nur eine einzige Matratze, die den älteren Herren zugeschoben wurde, denn es gab auch solche mit weißen Haaren unter ihnen. Die andern breiteten ihre Mäntel unter sich und lagen oder kauerten auf dem kalten Fußboden.

IM GEFÄNGNIS

Am nächsten Morgen wurde bei uns ein Zettelchen abgegeben, auf dem in russischer Sprache mit Traugotts eigener Handschrift stand: Professor Hahn befindet sich im Kreditsystem und bittet, ihm dorthin das Essen zu schicken. Wir waren sehr dankbar, ein Wort von ihm zu haben und nun doch zu wissen, wo er war.

Vorher versuchten wir schon zu ermitteln, an wen man sich wohl um Hilfe wenden könne. Wir hörten, daß Frau K., die Mutter des verhafteten Pastors, erfahren habe, daß der estnische Advokat X vielleicht etwas tun könnte. Ich entschloß mich, den Versuch zu machen. Als ich hinkam, hörte ich von drinnen die weinende Stimme einer Frau. Bald darauf öffnete sich die Tür, und schluchzend kam Frau K. heraus. Sie sagte mir im Hinausgehen, es sei alles vergeblich. Ich ging trotzdem zu Herrn X hinein und fragte ihn ganz sachlich, ob er wüßte, warum Traugott verhaftet worden sei, und ob er mir nicht einen Rat geben könne, wie ich ihn befreien könnte. Er erwiderte kühl, er könne dabei gar nichts tun und fügte hinzu: „Warum hat Ihr Mann nicht das Land verlassen, als dieser Befehl in der Zeitung stand?" Ich antwortete, daß dies nicht als Befehl, sondern nur als eine unsichere Nachricht aus einem andren Blatt abgedruckt in der Zeitung gestanden hätte. Darauf er: „Diese Zeitung ist aber Regierungsorgan und daher von bindender Kraft, was darin steht." „Wohin sollte man denn auch?" fragte ich ihn, „es stand ja gar kein Weg offen." Er zuckte die Achseln. Man sah, er war nicht gut gesinnt, wenn er auch nach außen eine höfliche Form wahrte. Ergebnislos mußte ich fortgehen.

Tatsächlich hatten wir die Frage des Fortgehens nach allen Seiten hin erwogen. Man hätte nach Pleskau fahren können und von da ins Innere Rußlands also in die Arme der Bolschewisten hinein, in Hunger und Elend, oder nach Walk. Vor Walk warnte mich eine innere Stimme, und ich bin dankbar, daß wir das nicht versucht haben. Erstens war anzunehmen, daß man schon unterwegs den Pastoren auflauern und sie verhaften würde, zweitens aber war in Walk alles immer in doppelter

Schrecklichkeit und Grausamkeit zugegangen. So sollte es auch dieses Mal werden. Die Opfer, die nachher in Walk fielen, haben unendlich viel mehr an Qualen durchmachen müssen. Die Füße aneinander gefesselt, so wurden sie in langen Reihen zum Erschießen aufgestellt und nachher in ein Massengrab geworfen. Die Angehörigen vermochten die Leichen nicht wiederzuerkennen. Außer Walk kam noch Reval in Betracht, aber das war nur im Schlitten zu erreichen, und da zerschlugen sich alle unsere Aussichten. Große Seelenqualen bereitete es mir später, als ich erfuhr, daß die Masseurin Fräulein H. es doch durchgesetzt hatte, sich im Schlitten nach Reval durchzuschlagen. Man könnte allen diesen Tatsachen gegenüber sagen: eine Verkettung von unglücklichen Umständen, von falschen Ratschlägen und Ungewandtheiten! – Ja, so sieht es wirklich aus. Aber ist es nicht eine Beleidigung Gottes zu meinen, er würde einen Menschen, der sein Vertrauen auf ihn setzt, unglücklichen Umständen zum Opfer fallen lassen? Tausendmal nein – es war eben Gottes Wille. Er brauchte Traugotts Tod. Warum? Das werden wir erst droben erkennen. Wir hatten beide nur eins gesucht, Gottes Willen zu tun, ihm gehorsam zu sein. Er nahm das von uns entgegen und gestaltete es über unser Wollen und Verstehen hinaus zu einem großen Opfer.

Aber nun noch zu dem Vormittag, an dem ich Traugott zum letztenmal sah. Es war an dem Tage, als wir sein Zettelchen bekommen hatten. Schleunigst wurde Essen für drei Personen zurechtgemacht und in einen Korb verpackt, dazu Seife, Handtuch und einige Kleinigkeiten. Dann gingen wir ins Kreditsystem. Von der Kompagniestraße aus bog man in einen kleinen Hof ein und trat in einen großen leeren Vorraum zu ebener Erde. Eine junge Frau von V., eine Norwegerin stand dort ganz verschüchtert und ratlos. Sie brachte ebenfalls Essen für ihren Mann, der am Tage vorher verhaftet worden war, konnte sich aber mit niemand verständigen, da sie weder Russisch noch Estnisch verstand. Nun schloß sie sich uns an, und wir drangen bis zu den Wächtern vor, die uns zu unserer freudigen Überraschung erlaubten, mit unseren Männern selbst zu sprechen.

Eine Tür wurde geöffnet, und wir sahen durch einen Spalt in einen von Menschen angefüllten Raum mit Pritschen. Sofort beugten sich von oben und unten Köpfe vor, um hinauszusehen. Der Name „Hahn" wurde gerufen, und Traugott erschien in der Türe. Wie suchte ich mit einem Blick zu erfassen, was er innerlich erlebte! Sein Antlitz trug den Ausdruck des Vergeistigten, etwas Verklärtes lag in seinen Zügen, man sah ihm an, daß er aus tiefen inneren Seelenkämpfen kam. Wir konnten nur wenige Worte in russischer Sprache wechseln. Traugott fragte gleich, ob zu Hause alles ruhig sei, und wie es den Kindern gehe, die damals gerade erkältet zu Bett lagen. Ich konnte beruhigende Auskunft geben. Dann fragte ich wohl etwas ungewandt: „Weißt du, warum du verhaftet bist?" Traugott schüttelte den Kopf. „Wir auch nicht", sagte ich. Der Wächter macht eine ungeduldige Bewegung, wir sprachen ihm schon zu lange. Traugott schien zu fürchten, ich könnte etwas Unvorsichtiges sagen oder die Geduld des Wächters erschöpfen, daher machten wir rasch Schluß. „Do swidanie" (Auf Wiedersehen) rief ich noch, „Do swidanie", antwortete er und schon verschwand er hinter der Tür. Ja, auf Wiedersehen! Aber nicht mehr auf dieser Erde.

Auch Stromberg wurde herausgerufen, und wir übergaben ihm, was Fräulein von Seidlitz, bei der er wohnte, ihm schickte. Er sah fröhlicher aus als Traugott, lächelte sogar etwas bei unserem Anblick, im Bewußtsein der ungewohnten Lage.

Auf dem Rückwege ging ich zu Frau von Samson, die ja auch in so großer Sorge um ihren Mann war und eben gerade das Essen zurecht machte, um es ihm ins Gefängnis zu schicken. Dann suchte ich noch Fräulein von Seidlitz auf, die ich in großer Angst um Stromberg wußte und der ich von unserem Besuch im Gefängnis berichten wollte. Eine bleierne Müdigkeit war über mich gekommen, kaum trugen mich mein Füße noch. Bei Fräulein von Seidlitz sank ich in einen Stuhl, konnte ihr aber noch von allem berichten. Zu Hause angekommen, fühlte ich Fieberschauer und mußte mich zu Bett legen. Das Thermometer zeigte eine hohe Temperatur, ich hatte die Grippe.

Oft habe ich später darüber nachgedacht, warum Gott mir das gerade damals schickte und mir damit die Möglichkeit nahm, Schritte für Traugott zu tun. Da es keinen Zufall gibt, so muß ja auch das einen Sinn und Zweck gehabt haben. Wäre vielleicht sonst auch ich in die Hände dieser Mörder gefallen und die Kinder beider Elternteile beraubt worden? Jedenfalls ist es unendlich schmerzlich, daß ich nichts, gar nichts für Traugott habe tun dürfen, nicht einmal ihm das Essen bringen. Zweimal täglich wurde es hingetragen. Meist tat es die Köchin oder auch

Margarete, die mir die ganze Zeit über aufopfernd und furchtlos zur Seite stand, auch Annemarie war manchmal dabei. Leider wurden Kissen und Decken von den Wärtern zurückgewiesen. Letztere wurden täglich gewechselt, daher war die Behandlung, die man von ihnen erfuhr, sehr unterschiedlich. Einer von ihnen schrie einmal wütend: „Diese Hunde brauchen gar kein Essen, man sollte sie alle erschießen." Später wurde die Bewachung noch strenger, und die Gefangenen durften nicht mehr selbst das Essen in Empfang nehmen, aber man hörte doch den Namen Hahn ausrufen und wußte dadurch, daß Traugott noch da war.

Noch einmal erhielt ich ein Zettelchen von seiner Hand, in welchem er mich um das Buch von Spurgeon „Alttestamentliche Bilder" bat. Ehe ich es ihm schickte, warf ich selbst einen Blick hinein. Die Stelle, die ich zufällig als erstes aufschlug, handelte von einem Märtyrer, der lobsingend zum Scheiterhaufen ging. Etwas griff eiskalt nach meinem Herzen. An diesem Buch soll Traugott sich viel gestärkt haben; auch anderen Gefangenen hat er es gegeben.

Bis auf Annemarie waren bei uns zu Hause alle von der Grippe befallen, auch Margarete hatte 39 Grad Fieber. Ich selbst fühlte mich recht krank, und der Arzt erlaubte mir nicht aufzustehen. Gute Freunde versorgten die Patienten und halfen überall, wo es nötig war. Immer wieder berieten wir miteinander, ob sich nicht irgend etwas tun lasse zu Traugotts Befreiung. Der Hauptkommissar, der die Gewalt in den Händen hatte, hieß Kuck. Frau von T., die ihres Mannes wegen bei ihm gewesen war, sagte uns, er sei ganz entsetzlich, von roher Gemeinheit. Sie hatte es aber doch durchgesetzt, ihrem kranken Mann Kissen und Decken schicken zu dürfen. Frl. M. K. nahm die Sache auf. Sie hat alles getan, was in ihren Kräften stand, hat hier gefragt, hat dort gefragt und ist von einem zum andern gelaufen. Die Generalin X. und Frläulein M., die schmächtige kleine Lehrerin, schlossen sich ihr an. Diese drei begaben sich zu Kuck, um als Vertreter der Gemeinde für ihren Pastor zu bitten. Aber Kuck ließ sie nicht einmal zur Tür hinein, sondern schrie sie sofort an, was ihnen einfiele, ohne schriftliche Anmeldung nähme er niemand an. Kurz, er wies sie auf die gröbste Art hinaus.

Frl. M. R. versuchte es nun bei einem anderen, jüngeren Kommissar. Der war nicht unhöflich, ließ sie ausreden, sagte aber dann klipp und klar, für einen Pastor lohne es sich nicht zu bitten, da sei nichts zu hoffen. So schien alles vergeblich.

Eines Tages hatte ich direkte Nachrichten von Traugott durch Herrn S., der eben aus dem Gefängnis entlassen war. Als man ihn spät abends verhaftete und in die Zelle führte, in der Traugott sich befand, hatte dieser gerade auf seinem Pelzmantel gelegen und zu schlummern gesucht. Als Traugott Herrn S. sah, sprang er auf, schob ihm seinen Mantel zu und bestand darauf, daß dieser sich's nun darauf bequem mache, so gut es eben ging, während er selbst auf dem Fußboden kauerte. Herr S. suchte mir das Leben im Gefängnis einigermaßen erträglich zu schildern, ja stellenweise sogar humorvoll. So sei einmal ein zerlumpter Bettler hineingeschoben worden. Auf die erstaunten Fragen, wie denn ein Mann wie er ins Gefängnis käme, erzählte er, daß er in der Kirche gewesen sei, dort die roten Fahnen gesehen und die Militärmusik und die gotteslästerlichen Reden von der Kanzel gehört hätte, da wäre er hinausgegangen und hätte mit geballter Faust so lange „Schweinerei" gerufen, bis man ihn verhaftet hätte.

Andere Mitgefangene erzählten später, daß in den ersten Tagen, wo die Stimmung noch weniger gedrückt war, manch wertvolles und anregendes Gespräch in der Zelle geführt worden sei.

Stromberg hatte in so anschaulicher Weise von seiner italienischen Reise berichtet, von der südlich lachenden Natur, von den Sitten und Gebräuchen des Volkes, von der Messe in St. Peter, daß die Gefangenen zeitweilig ihre Umgebung vergaßen und wie gebannt an seinen Lippen hingen. Traugott hatte dazwischen nette kleine Geschichten von seinen Kindern erzählt. Dabei umfaßte er einmal Strombergs Knie und sagte: „Jetzt hast du es leichter, daß du unverheiratet bist und keine Sehnsucht hast nach Frau und Kindern."

Wenn aber die Rede auf tiefergehende und religiöse Fragen gekommen war, hatte Traugott den Mittelpunkt der Unterhaltung gebildet. So war z. B. über den Bolschewismus gesprochen worden, über seine inneren Voraussetzungen und seinen Führer Lenin. Traugott hatte die Ansicht vertreten, daß eine solche Bewegung einem doch zu denken geben müsse, ob unsere bisherige Kultur und Gesellschaftsordnung nicht ihre ernsten Schäden hätte. Herr von V., der dabei war, sagte später: „Die Ausführungen von Professor Hahn waren von einer wunderbaren wohltuenden Sachlichkeit, einzig vom Geist des Verstehen- und Erkennenwollens getragen."

Von Tag zu Tag wurden neue Gefangene eingeliefert, so waren es schließlich achtzig Mann in der kleinen Zelle. Die Gesellschaft wurde immer buntscheckiger, man wußte nicht, ob Spione darunter waren, und mußte jedes Wort abwägen, das man sprach. Eine Unterhaltung in kleinem Kreise, wie im Anfang, war nicht mehr möglich. Auch gemeinsame Andachten waren ausgeschlossen durch den fast unerträglichen Lärm, der durch das Zusammensein so vieler Menschen im engen Raume erzeugt wurde. Dennoch hatten Traugott und Stromberg eine Gemeinschaft untereinander hergestellt, indem sie verabredeten, das Gleiche in der Bibel zu lesen und darüber zu beten.

Traugott hatte zum Glück seine kleine Taschenbibel behalten dürfen und auch sein griechisches Neues Testament. Beide Bücher erhielt ich später zurück, und die Seiten schlugen sich von selber auf, an den Stellen, die er besonders oft gelesen. Es waren dieses das Hohepriesterliche Gebet und 2. Korinther 12: „Laß dir an meiner Gnade genügen, denn meine Kraft ist in den Schwachen mächtig."

Als einmal die Gefangenen länger als sonst auf ihr Essen warten mußten, hatte Traugott zu Stromberg gesagt: „Tausendmal lieber möchte ich hungern, als ohne Bibel sein."

Auch mit dem russischen Bischof Platon und den anderen russischen Priestern, die in demselben Raum gefangensaßen, hatte Traugott Gemeinschaft gesucht über dem griechischen Neuen Testament, und als am Weihnachtsabend alten Stils die russischen Priester in einer Ecke zusammenkauerten und ganz leise russische Kirchenlieder sangen, hatte Traugott sich zu ihnen gesetzt und mitgesungen.

Nach seinem Tode trat einer der überlebenden russischen Priester auf mich zu, drückte mir die Hand und sagte in tiefer Bewegung: „Wissen Sie, wie dieser Mann Gottes seine letzten Tage zugebracht hat? Ganz im Worte Gottes hat er gelebt, wer so stirbt, der stirbt wohl."

Einige Freunde kamen nun auf den Gedanken, ob man nicht Geld bieten sollte, um den Pastor zu befreien. Die Herren, die gefragt wurden, waren aber durchweg dagegen. Es sei ein gefährlicher Weg, den man damit betrete, die Forderungen wüchsen leicht ins Unermeßliche, es könnte in die Hunderttausende gehen, und der Erfolg sei ein ganz ungewisser.

Nachher hörte ich, daß ein Anbieten von Geld beim Kommissar Kuck als Verbrechen angesehen wurde, und daß höchstwahrscheinlich sowohl der Bittende als auch der, für den gebeten wurde, daraufhin erschossen worden wäre.

Es war aber unbeschreiblich schwer, in all diesen Fragen so hin und her zu tappen und untätig dazusitzen. Einmal schickte ich in meiner großen Angst nach einem Arzt, der in den Kliniken unter den Bolschewisten arbeiten durfte und sogar in die Gefängnisse zu diesem oder jenem Kranken gerufen wurde. Ich kannte ihn als ernsten und zuverlässigen Menschen und fragte ihn, ob er denn nicht einen Rat wüßte, was man für Traugott tun könnte? Er machte eine sehr ernste Miene, und wies mich auf einen Artikel in der Zeitung hin, der deutlich zeige, was wir zu erwarten hätten. In diesem Artikel wurde erklärt, daß endlich das Märchen von einem Gott ein Ende haben müsse, der einzige Gott sei der Mensch selbst. Mit den Pastoren aber, die diese Märchen dem Volk beigebracht hätten, müsse jetzt aufgeräumt werden.

Mittwoch war der Tag, wo immer eine Anzahl Armer sich in unserer Küche einfand, um mit Lebensmitteln versorgt zu werden. Auch diesen Mittwoch waren sie gekommen und hatten untereinander besprochen, aufs Rathaus zu gehen, um dort gemeinsam für Traugott zu bitten. Ich freute mich darüber, denn gerade solche Bitten hätten am ehesten Einfluß haben können. Aber auch sie waren im letzten Augenblick zu ängstlich gewesen und hatten nichts getan. Immer klarer wurde es, daß auf Menschenhilfe nicht zu rechnen war. Würde Gott uns helfen? Es schien, als ob er uns der Macht der Finsternis preisgegeben hätte. Ich mußte an ein Wort von Traugott denken, das er kurz vor seiner Verhaftung tieferschüttert zu mir sagte: „Es ist wirklich, als ob der Teufel in Dorpat losgelassen ist." Auch er stand unter dem Eindruck, daß es eine Stunde der Finsternis war.

In jenen Tagen kam Frau von Samson zu mir. Sie war in großer Aufregung, jemand hätte zu ihr gesagt: „Jetzt ist es aber die allerhöchste Zeit, daß etwas für die drei Herren von Samson geschieht, sonst könnte es leicht zu spät sein." Ich versuchte sie zu trösten, so gut ich es vermochte, sagte aber auch, ich fände es unverantwortlich, die Menschen mit Nachrichten aufzuregen, die vielleicht ganz unbegründet wären.

Ach, leider waren sie nicht so unbegründet. Es war Donnerstag, den 9. Januar morgens, als unser Mädchen zu mir ins Zimmer trat und mir sagte, Frau von D. habe eben hergeschickt und nachfragen lassen, ob es wahr sei, daß Traugott in der Nacht erschossen worden sei. Margarete war schon am Morgen im Gefängnis gewesen, um Traugott das Frühstück zu bringen, und hatte ihn gesehen. So wußte ich, daß dies nicht der Fall war. Gleich darauf stürzte Fräulein Sch. in höchster Aufregung zu uns herein, sie war auf der Straße dasselbe gefragt worden. Ich war innerlich sehr erregt und bat, mich mit den Kindern allein zu lassen. Wir brachten zusammen unsere Angst und Sorge zu Gott. Tatsache war, daß eine Anzahl Männer in jener Nacht aus dem Gefängnis herausgerufen und durch die Straßen der Stadt bis an den Embach getrieben worden waren. Dort wurden sie auf dem Eise des Flusses aufgestellt und erschossen. Ihre Leichen wurden in die Eislöcher des Embaches gestoßen. Es waren ungefähr dreißig Personen gewesen, darunter die drei Brüder von Samson ...

Eine entsetzliche Nachricht! Ich muß gestehen, daß ich sie damals innerlich von mir schob; ich wagte nicht, sie zu Ende zu denken. Am Abend stand das furchtbare Ereignis in der Zeitung mit Aufzählung aller Namen. Diese Zeitung kam auch in die Gefängnisse und wurde von unseren Gefangenen gelesen. Von diesem Augenblick an hat Traugott die Lage für sehr ernst angesehen, und ich bin gewiß, daß er diese Nachricht nicht von sich schob, sondern sie in all ihren Folgerungen zu Ende dachte.

Es muß in der darauffolgenden Nacht gewesen sein, als Traugott zu einem Verhör gerufen wurde. Die Herren hatten sich selbst dazu gemeldet, in der Hoffnung, daß ihre Sache dann schneller erledigt würde. Die Befehle zu diesen Verhören kamen meist in der Nacht zwischen zwei und vier Uhr, sie waren mit roter Tinte geschrieben und mit rotem Stempel versehen. Leider habe ich die Einzelheiten dieses Verhörs nicht erfahren können. Nur soviel wurde mir gesagt: „Als Traugott von dem Verhör zurückkehrte, war er zitternd vor Erregung gewesen, hatte Stromberg, dessen Verhör gleich folgen sollte, bei der Hand gepackt und gesagt: „Ich lasse dich nicht gehen." Es war furchtbar gewesen, und Traugott hatte ganz unter dem entsetzlichen Eindruck von der Macht der Bosheit gestanden, der sie preisgegeben waren. „Ich war verurteilt, ehe ich noch ein Wort gesagt, ihr werdet sehen, sie erschießen mich." Erst allmählich war er ruhiger geworden durch das Aussprechen mit den anderen. Die Kommissare hatten ihn wütend angeschrien und unter anderem verlangt, daß er seine Freunde und Kollegen angeben solle. Das hatte er verweigert. Vorgeworfen wurde ihm seine Predigt zum Einzug der Deutschen am 24. Februar 1918, er hätte da die russischen Soldaten als Räuberhorden bezeichnet. Traugott bat, zu Protokoll zu nehmen, daß er damals bei der deutschen Militärverwaltung um ein Einhalten mit den Erschießungen gebeten hätte. Das wurde aber gar nicht beachtet. Endlich sollte er ein falsches Protokoll unterschreiben. Er weigerte sich. Zwei falsche Zeugen unterschrieben für ihn.

In jener Nacht erwachte ich zu Hause davon, daß ich deutlich hörte, wie Traugott meinen Namen rief. Ich schlug die Augen auf, alles ringsherum war still. War er in besonderer Gefahr? Ich konnte nicht mehr einschlafen, sondern wachte, wie meist in diesen Nächten, in stillem Gebet für ihn, bis der Morgen kam. So waren wir, wenn auch räumlich getrennt, doch innerlich vereint. Am andern Morgen hielt es mich nicht länger im Bett; ich stand auf und schlich langsam und frierend durch die Zimmer. Es war sehr kalt draußen und ein schneidender Wind. An Hinausgehen konnte ich noch nicht denken. Die Köchin kam immerfort mit Hiobsbotschaften zu mir und quälte mich sehr damit. Als ich ihr einmal sagte, ich hätte schon zweimal mit Traugott ähnliches erlebt, und Gott hätte immer geholfen, meine sie, ja, aber das dritte Mal, das sei das gefährliche, da ginge es nicht mehr.

Sonnabend, den 11. Januar, vormittags, saß Frau Professor Girgensohn mit einigen anderen Freunden bei mir. Sie erzählte, wie die eine Frau von S., die bei ihr wohnte, bei der Nachricht vom Tode ihres Mannes sich zuerst mit einem Aufschrei an ihre Brust geworfen hätte, dann aber sehr tapfer und still gewesen wäre. Ich fühlte mich innerlich beschämt, war ich selbst doch so schwer bedrückt und hin- und hergerissen. Mitten in unser Gespräch hinein brachte jemand die Nachricht, Stromberg sei aus dem Gefängnis entlassen, und er hätte gesagt, Traugott werde gewiß auch bald entlassen werden. Der russische

Bischof Platon, der ganz sicher war, gleich darauf freizukommen, weil seine Gemeinde sich so energisch für ihn einsetzte, hätte gesagt, er werde, sobald er frei wäre, auch für Traugotts Freilassung Schritte tun. Dieser Trost verfing bei mir gar nicht. Warum war Stromberg freigekommen und Traugott nicht? Wenn diese Gelegenheit vorüber war, würde sie wiederkommen? Eine tiefe Traurigkeit ergriff mich. Wodurch Stromberg freigekommen, blieb ein Rätsel, er war kurze Zeit nach Traugott verhört und zuerst mit rohen Scherzen und Schimpfereien gefragt worden, ob er ein Freund von Professor Hahn sei, was er ruhig mit „Ja" beantwortete. Bald darauf hatte der verhörende Kommissar ihm aber zugerufen: „Machen Sie, daß Sie weiterkommen, Sie sind mir langweilig." Man hatte noch einige Fragen an ihn gerichtet und ihn dann gehen lassen. Kurze Zeit darauf wurde ihm mitgeteilt, er sei frei. Als Stromberg sich von diesem und jenem Mitgefangenen mit einem ermutigenden Wort verabschiedete, kam er auch zu Traugott. Der hatte ihm wortlos, aber unter tiefster Bewegung, mit tieftraurigem Gesicht die Hand gegeben. „Warum bist du so traurig?" hatte Stromberg ihn gefragt, „du kommst sicher auch bald frei." Aber Traugott hatte nicht geantwortet. Wie kann ich es ihm nachfühlen, was seine Seele damals bewegte, ähnliches wie mich, als ich von Strombergs Freilassung hörte: „Ich komme nie mehr frei." Und zugleich stellte er sich vielleicht vor, was das für eine Freude gäbe, wenn er jetzt wie Stromberg nach Hause zurückkehren dürfte, zu seinen Kindern, zu mir, undenkbar schön! Nun blieb er statt dessen allein zurück im Gefängnis, auch sein letzter irdischer Trost, Stromberg, ging fort, aller irdischen Stützen beraubt, aber ganz auf Gott geworfen. Allein mit Gott, das war wohl der Hauptinhalt der nun folgenden drei Tage, der letzten Erdentage, die er noch vor sich hatte. Die Mitgefangenen erzählten später, daß er in diesen Tagen kaum mehr gesprochen und sehr, sehr ernst ausgesehen habe, aber ganz in seine Bibel vertieft gewesen wäre. Dieser Freund war ihm geblieben. Durch was für Tiefen ist seine Seele damals gegangen! Nur ahnen kann man das. Als ich später seine Predigt über „Gethsemane" las, die er im Jahr 1916 gehalten hatte, kam es mir vor, als dürfe ich einen Blick in jene Stunden im Gefängnis tun.

Den Tag nach Strombergs Freilassung hatte Annemarie den Vater, als sie ihm das Mittagessen brachte, am Fenster gesehen. Sie sagte mir:

"Vater sah heute so furchtbar aus, kein Lächeln ging über seine Züge." Mittlerweile waren auch eine Menge Frauen verhaftet worden. Sie waren in einem an die Zelle der Gefangenen anstoßenden Raum untergebracht, mitten unter ihnen die Allergemeinsten, so daß sie täglich Schreckliches mit ansehen mußten. Mit den Männern trafen die Frauen hin und wieder in einem dazwischenliegenden Raum zusammen. Eine später freigelassene Frau erzählte, daß sie Traugott manchesmal durch die Tür erblickt habe, ganz versunken im Gebet und in der Stellung des heißen inneren Ringens mit Gott.

Schrecklich war es oft gewesen, das gemeine Treiben, Schreien und Schimpfen anzuhören, das sich nebenan bei den Bolschewisten abspielte. Einmal hatten sie gedroht, in der nächsten Nacht ihr Lager an der Seite der gefangenen Frauen aufzuschlagen. Wie heiß wird da gebetet worden sein um Bewahrung! Und Gott erhörte diese Gebete und ließ das Schlimmste nicht zu. Fräulein von St. erzählte mir, daß Traugott ihr nach solch einer angstvoll durchwachten Nacht so fest und bedeutungsvoll die Hand gedrückt hätte, daß sie es wie ein Kraftempfangen aus der Höhe spürte. Sie fühlte dadurch den Antrieb in sich, die mitgefangenen Frauen zu gemeinsamem Gebet und Lesen der Bibel aufzufordern und tat das von da ab regelmäßig. Ein wenig beruhigendere Nachrichten waren am Sonntag zu hören. Die estnische und russische Verwaltung waren uneins geworden; den Russen war die Art des Vorgehens nicht recht, sie wollten die Zügel wieder in ihre Hand nehmen. Jemand, der auf dem Rathaus gewesen war, hatte dort sagen hören: „Das erste wird sein, daß wir die Kirchen wieder öffnen und die Pastoren freilassen." Eine Dame, die im Rathaus in der bolschewistischen Verwaltung arbeitete, hatte geäußert: „Darauf können Sie sich verlassen, erschossen wird niemand mehr, das weiß ich genau." All dies war eine große Erleichterung für mich. Ich begann wieder Mut zu fassen und dachte bei mir: Arme, arme Frau von Samson, was muß sie empfinden, wenn sie von diesem Umschwung hört, und für ihren Mann ist es zu spät.

Sonntag hatte ich Traugott einige Sachen schicken können, auch Kissen und Decke waren dieses Mal angenommen worden und ein Band Predigten von Moritz von Engelhard. Sehr bedauerte ich später, nicht in Form einer Widmung einen persönlichen Gruß und Wunsch eingeschrieben zu haben. Das wäre Traugott vielleicht eine Stärkung gewesen. Man war aber so ängstlich, am Ende durch Unvorsichtigkeit den Gefangenen zu schaden, da alle Eßvorräte daraufhin untersucht wurden, ob nicht ein unerlaubter Zettel darin wäre. Und wehe dem, bei dem man ihn gefunden hätte! So wagte ich es auch nicht zu benutzen, als eine Bekannte mir sagte, ihre Nichte hätte ein kleines Fenster entdeckt, durch welches man den Gefangenen einen Brief zustecken könnte. Sie hatte dort den Bischof Platon gesehen und hatte ihm zugeflüstert: „Pastor Hahn." Er hatte ihr zugenickt und war vom Fenster verschwunden, offenbar um ihn zu holen. Als er wieder erschien, hatte er den Finger auf den Mund gelegt, zum Zeichen, daß man eben nichts tun könne. Ich hatte die feste Überzeugung, daß Traugott äußerste Vorsicht von mir wünschte, und der Gedanke, am Ende ihn oder andere Mitgefangene in noch schwerere Lagen zu bringen, war unerträglich. Und dennoch, wie oft habe ich später gewünscht, daß ich nur ein Wort, einen Gruß ihm hätte senden können! Eine kleine Freude hatte Traugott aber an jenem Sonntag gehabt. Es war milderes Wetter, und ich erlaubte daher Liesel und Willi, die inzwischen genesen waren, Annemarie ins Gefängnis zu begleiten. Da sah der Vater sie zum letztenmal.

Liesel berichtet darüber: „Einmal nur konnten Willi und ich zu Vater ins Gefängnis gehen, ihm das Essen zu bringen, weil wir vorher krank waren. Wir kamen gleich in ein großes Zimmer, in dem die Verwandten der Gefangenen mit den Frühstückskörben warteten. Ein junger, blonder Bolschewist, mit lang überfallendem Haar, eine Flinte auf dem Rücken, schloß von Zeit zu Zeit die Türe auf und brüllte in das Zimmer hinein: ,Hat jemand noch was?', worauf man seine Sachen abgab. Dann untersuchte er alles genau, brachte den Korb hinein, schloß sorgfältig die Türe von innen zu, und wir hörten ihn schreien: ,Hahn.' Eine lange, estnische Frau trat an die Tür, die oben eine Glasscheibe hatte, sie konnte bequem oben durchsehen. Annemarie stellte sich auf die Fußspitzen. ,Wartet, vielleicht kann ich euch helfen', sagte sie zu uns. Sie hob uns auf, und wir lugten hinein. ,Ich sehe Vater!' jubelte Willi leise. Nun sah auch ich ihn. Am Ende eines Ganges, wo viele Menschen Kopf an Kopf standen, da stand ganz vorn Vater. Er sah uns, ein Freudenschein ging über sein Gesicht, er nickte uns zu und lächelte. Dann schüttelte er den Kopf. In jeder Hand hielt er eine Kanne. Jetzt glitten wir herab. Da kam auch schon der Bolschewist wütend angerast.

Er riß die Tür auf und brüllte mit unheimlicher Stimme: ‚Wer ist da geklettert?' Wir mußten uns melden und fragten erstaunt: ‚Darf man das denn nicht?' Als er uns Kinder sah, verging sein Zorn etwas. ‚Nein!' schrie er barsch und schloß die Tür ab. Wir entfernten uns rasch. Vergeblich suchten wir auf dem Hof, Vater noch einmal durchs Fenster zu sehen. Annemarie trieb zur Eile, wir mußten gehen."

Der Anblick der Kinder wird Traugott ganz gewiß eine große Freude gewesen sein und ihn noch lange erquickt haben. Mitgefangene erzählten später, daß er jedesmal ans Fenster eilte, wenn das Essen gebracht wurde, und wenn er dann zurückkam und jemand von den Seinen gesehen hatte, hätte sein Gesicht einen ganz anderen, fröhlicheren Ausdruck gehabt. Als am nächsten Tage Annemarie ihm wieder das Essen brachte, kam sie ganz glücklich zurück: „Ich habe Vater am Fenster gesehen", erzählte sie, „und er sah dieses Mal so freundlich aus und nickte mir viele Male zu, immer aufs neue." Es war sein letzter Abschiedsgruß an uns.

Am Montag erfüllte mich wieder eine große innere Unruhe, ja eine Herzensangst. Ich schickte zu Stromberg, der sich nicht auf die Straße wagen durfte, um nicht nochmals verhaftet zu werden, und ließ ihn fragen, ob nicht doch irgend etwas für Traugott getan werden könne. Er ließ mir sagen, man solle gar nichts tun, Traugott werde ganz gewiß bald freigelassen. Die Köchin kam schon frühmorgens zu mir mit furchtbaren Träumen, die sie gehabt; der eine war, daß Traugott von seiner Kirche aus durch die Luft gerückt worden sei, und sie habe in deutscher Sprache die Worte vernommen: „Mein Gott, mein Gott, warum hast du mich verlassen." Im andern Traum hatte sie Traugott in einer ganz in Schwarz gehüllten Kirche am Altar stehen sehen, den Armen das Abendmahl austeilend. Dann wäre ich hineingekommen, an meinem Kleide vier weiße Federn (meine vier Kinder, wie sie es auslegte), ich war in Weiß gekleidet und suchte vergeblich bis zu Traugott vorzudringen. Ich war sehr gequält beim Anhören dieser Träume und all der Warnungen und Prophezeiungen der Köchin. Ich sagte ihr, daß ich solche Dinge lieber gar nicht hören wollte, ich wüßte ja selbst, daß Traugott in großer Gefahr schwebe, aber ich legte ihn ganz in Gottes Hand, im festen Vertrauen, daß ihm nichts anderes geschehen werde, als was Gottes Wille sei.

An jenem 13. Januar hatte Traugott noch eine schwere Arbeit zu verrichten gehabt. Er und Platon waren in aller Frühe aufgerufen und zu einem Abort geführt worden, den sie unter dem Hohngelächter der Wachen reinigen mußten ohne die dazu unbedingt nötigen Hilfsmittel. Das war eine besondere Art der Quälerei und Erniedrigung, die die Bolschewisten mit ihren Gefangenen vornahmen. Stromberg war als erster einmal mitten in der Nacht fortgeführt worden, er selbst und auch die andern glaubten, es sei sein Todesgang. Statt dessen hatte er in einem nahegelegenen Hause den größten Schmutz des Aborts mit seinen Händen reinigen müssen. Als er wiederkam, war er so erschüttert, daß er in Tränen ausbrach. Einer der russischen Priester reichte ihm eine Zigarette und sagte tröstend: „Alles für Christus." Traugott hatte darauf zu Stromberg geäußert: „Der Mann traf das rechte Wort. Wir wollen uns vornehmen, alles, was von uns verlangt wird, nicht für Menschen zu tun, sondern für Gott. Jede Arbeit, die andere Menschen leisten, können wir auch tun." So war er schon innerlich vorbereitet, als auch diese Erniedrigung an ihn herankam.

Auch die alten Herren mit zitternden Händen wurden zu schwerer körperlicher Arbeit, zum Holzhacken und Holztragen befohlen. Alle bemühten sich, ihre Arbeit gewissenhaft auszuführen. Manchmal fühlten die Wachtsoldaten, die sie begleiten mußten, ein menschliches Rühren und nahmen ihnen, wenn sie unbeobachtet waren, die Arbeit ab. Dafür waren die Gefangenen ihnen herzlich dankbar.

Nicht nur Stromberg, sondern auch Herr K. war unerwarteterweise aus dem Gefängnis entlassen worden. Traugott hatte ihm zum Abschied gesagt: „Grüßen Sie meine Familie und meine Gemeinde von mir und sagen Sie ihr, daß ich es nicht bedaure, bei ihr geblieben zu sein. Meine Frau ist so tapfer, ich weiß, sie wird sich ebenso stellen." Das ist der einzige etwas persönliche Gruß, den ich von Traugott aus dem Gefängnis habe, und er war mir besonders viel wert.

Daß er von mir weder etwas sah noch hörte, muß ihn gewundert und schmerzlich berührt haben. Fräulein Groth, die einige Tage nach ihm verhaftet wurde, hatte ihn einmal gefragt: „Haben Sie Nachricht von Ihrer Familie?" Er hatte den Kopf geschüttelt. Da erzählte sie ihm, daß ich die Grippe gehabt hätte. So hat er wenigstens das erfahren und eine Erklärung für mein Nichtkommen gehabt. Herr K. wäre übrigens trotz seiner Entlassung um ein Haar doch noch erschossen worden, denn am Dienstag morgen, als das Morden begann, schickten die Machthaber nach ihm in seine Wohnung. Er war aber gerade ausgegangen und entging dadurch diesem Schicksal. Er sagte mir später: „Glauben Sie mir, viele von uns wären gern für Ihren Herrn Gemahl an seiner Stelle in den Tod gegangen."

Ja, wunderbar war die Auswahl, die Gott hier traf, wie wir das so oft im Leben sehen. Noch junge, auf der Höhe des Wirkens und Schaffens stehende Männer mußten fallen, und andere, die alt und lebenssatt waren, blieben erhalten. Ich glaube, und weiß, daß es manchem zur Anfechtung wurde, daß Gott Traugott fortnahm und ihn, dem sein Leben eine Last oder ein schweres Kreuz war, bewahrte.

Gottes Gedanken sind höher als unsere, das sei genug.

Von der bolschewistischen Verwaltung regnete es jetzt Verordnungen. Lebensmittel, Kleidungsstücke usw. mußten abgegeben werden. Wehe dem, der sie nicht erfüllte. Montag abend kam die Köchin mit der Frage zu mir, ob ich nicht gelesen hätte, daß man schon vor einiger Zeit alles, was man an Petroleum besaß, ausliefern müßte. Es könnte jeden Augenblick eine Hausdurchsuchung stattfinden und dann, fügte sie hinzu, würde es unserm armen Herrn noch schlechter gehen. Wir hatten im Keller noch ein altes Faß vom Vorjahre stehen, in welchem sich Petroleum befand. Wir füllten alle Lampen im Hause, es blieb aber noch zu viel zurück. Der Hausknecht mußte gerufen werden, der nun mit großer Anstrengung das schwere Faß aus dem Keller holte und es so leise und so heimlich wie möglich durch den Garten an ein Versteck rollte.

Es war tiefe Nacht. Alles im Hause schlief schon. Draußen war es ganz still, alles weiß beschneit und ein so blendender Mondenschein, wie ich ihn kaum je gesehen. Nie mehr kann ich in eine helle Mondnacht hineinblicken, ohne an Traugotts letzten Erdenabend zu denken.

HEIMGERUFEN ZU SEINEM GOTT

Dienstag, den 14. Januar, erwachte ich früh um die gewohnte Stunde zwischen drei und vier Uhr morgens, wo ich sonst im Gedenken an Traugott wachzuliegen pflegte. Diesmal schloß ich die Augen und schlief weiter, denn ich wollte Kraft sammeln, um zum erstenmal nach meiner Krankheit hinauszugehen und selber die Kommissare um Traugotts Freilassung zu bitten. Mariechen Rathlef sollte mich abholen. Als ich etwas später nochmals erwachte, hörte man deutlich Kanonendonner, ganz nahe vor der Stadt. Die Befreier, die so sehnlich erwarteten, nahten.

Die Köchin erschien, um mir das gleiche zu erzählen; sie fügte hinzu, daß nun Traugott in größter Gefahr stünde. Ich erwiderte, es sei doch möglich, daß jetzt seine Befreiungsstunde schlüge. Sie schüttelte düster den Kopf. Gleich darauf kam Margarete, sie war schon im Gefängnis gewesen, um das Frühstück hinzubringen, und hatte gehört, wie Traugotts Name aufgerufen worden war. Er war also da, die Gefangenen waren nicht verschleppt. Vergeblich wartete ich auf Mariechen Rathlef, sie kam und kam nicht. Statt dessen erschien die Generalin X. und erzählte, daß die Bolschewisten schon zu fliehen begännen. In der Nähe der Gefängnisse wären große Menschenansammlungen und die Straßen zum Teil abgesperrt. Ich begriff noch immer nichts.

Erst später hörte ich, daß vom Morgen an in der Stadt eine wilde Aufregung geherrscht hatte. Die Bolschewisten jagten davon, zum Teil reitend, zum Teil in Schlitten, die vollgepackt waren mit gestohlenem Gut. Auch der schreckliche Kommissar Kuck ergriff mit seinen zwei Frauen die Flucht. Die Kugeln pfiffen, und mehrere große Geschosse schlugen am Bahnhof ein. Die Wachen vor den Gefängnissen wurden durch die rohesten Kerle ersetzt. In die Nähe der Gefängnisse wurde niemand mehr gelassen. Die Angehörigen sahen angsterfüllt von weitem dem unheimlichen Treiben zu, ohne das Geringste zur Rettung ihrer Lieben tun zu können. Ich wußte von alledem nichts. Endlich kam Mariechen Rathlef. Sie meinte, es sei eben ein sehr kritischer Augenblick. Ich sagte zu den Kindern: „Wir wollen nicht kleingläubig werden, Gott hat Macht, Vater auch jetzt zu erretten." Wir knieten nieder und beteten. Ich sagte zu den Kindern, jedes solle einen Spruch sagen, der ihm gerade einfalle. Eines sagte: „Alle eure Sorge werfet auf ihn." Durchs Herz aber ging es mir, als Liesel sagte: „Ich habe dich je und je geliebt, darum habe ich dich zu mir gezogen aus lauter Güte." Ich zog mich nun schnell an und ging mit Mariechen Rathlef hinaus. Es mag wohl halb zwölf gewesen sein. Wir waren erst wenig Schritte gegangen, da kam uns ein unbekannter Herr entgegen und rief uns zu: „Schlechte Nachrichten aus dem Gefängnis." Frau S., die sich uns angeschlossen, eilte ihm nach. Dann kam sie zu uns zurück, und mit einemmal sagte Mariechen Rathlef: „Nein, in die Stadt gehen wir nicht mehr", und kehrte mit mir um. Da sahen wir Fräulein von St. kommen. Mariechen Rathlef rief: „Seht, da ist ja eine aus dem Gefängnis." Sie stürzte auf sie zu und fragte, was denn sei. Fräulein von St. war totenbleich. Ihre Knie wankten. Sie sagte mit zitternder Stimme: „Ja, wir Frauen sind frei, aber von den Männern sind 23 erschossen." „Mein Mann, was wissen Sie von meinem Mann?" rief ich. „Ich weiß nicht", antwortete sie tonlos und ging rasch weiter. Frau S. eilte ihr nach, sagte mir aber nicht, was sie gehört, und ich wagte nicht zu fragen. Mariechen Rathlef eilte in die Stadt und sagte, sie wolle mir Nachricht bringen. Ich war wie betäubt und willenlos.

Wir bogen in unsern Garten ein, und schwer atmend ging ich an Frau S.s Seite. Am Saalfenster standen unsere vier Kinder und schauten mit angstvollen, entsetzten Gesichtern zu uns hinaus. Ich sah sie an, und sie wußten, worum es sich handelte. Ich ging zu ihnen hinein, und wir warfen uns auf den Boden und schrien miteinander zu Gott. Ich hatte eigentlich keine Hoffnung mehr, aber ein kleiner, Strahl war doch noch da. Es konnte doch ein Irrtum sein, er konnte doch noch kommen. Frau S. blieb auf meine Bitte bei uns. Sie sprach uns Mut zu und sagte immer aufs neue: „Glauben Sie mir, Anny, Ihr Mann lebt, Gott wird ihn nicht verlassen haben, ganz gewiß nicht, das kann überhaupt nicht sein." Obgleich ich ihre Zuversicht nicht teilte, klammerte ich mich doch an ihren Trost. Frau S. las uns aus den Psalmen vor, sie handelten alle von Gottes Hilfe, Errettung und Bewahrung. Es dauerte lange. Keine Nachricht von außen kam – aber Traugott kam auch nicht. Endlich sehe ich durch das Fenster zwei junge Mädchen auf unser Haus zukommen. Was war ihre Botschaft?

Im nächsten Augenblick waren sie im Wohnzimmer, die eine von ihnen umfaßte mich und sagte mir, was geschehen. Dann gingen sie, und wir sanken auf die Knie – zerbrochen, zerschlagen. Wir hatten keinen Mann, keinen Vater mehr.

O, wie arm sind Worte, das auszudrücken, welche Finsternis über diesem schrecklichen 14. Januar lag. Nur zitternd wage ich an jenen Tag zurückzudenken. Bis zur heutigen Stunde ist es mir unverständlich, wie ich so untätig sein konnte, wie es kam, daß ich nicht in die Stadt eilte, um Traugott wenigstens den letzten Liebesdienst selbst zu erweisen – wie Frau von T. ihrem Mann –, ihn selbst aus dem Keller hervorzusuchen, seine Hand zu halten, solange sie noch warm war. Wir warteten mit den Kindern, daß Traugott uns ins Haus gebracht würde, und bereiteten alles dafür vor. Wie von unsichtbarer Hand wurde ich zu Hause festgehalten.

Es dauerte lange, dann endlich kam Stromberg mit der Leiche. Er sagte mir: „Tun Sie mir die Liebe und gehen Sie hinaus." Ich tat es willenlos, all mein Wollen und Fühlen war wie gelähmt. Als ich wieder in den Saal trat, lag Traugott aufgebahrt da. Sein Kopf war verbunden, man sah nur den festgeschlossenen Mund. So war er zu uns zurückgekehrt.

Viele Menschen kamen, viele, die mit ihm gemeinsam im Gefängis gewesen, auch ganz Fremde. Ein Kaufmann sagte: „Wenn Professor Hahn nicht so für uns gebetet hätte, wären wir nicht errettet worden." Ein anderer sagte, er hätte lange nicht mehr gebetet, aber jetzt, da er dieses Gebetsleben an Professor Hahn erlebt, habe er wieder gelernt zu beten.

Im einzelnen ist es mir leider nicht mehr gegenwärtig, was sie sagten. Zu groß war das Erleben, wie in einem Traum rauschte es an mir vorbei.

Ich war dankbar, als der Abend kam und alle gingen und ich ganz allein sein konnte mit Traugott. In den stillen Nächten an seiner Bahre, da hielten wir Zwiesprache miteinander und sagten uns alles das, was wir uns auf Erden nicht mehr hatten sagen können.

Manchmal kommt mir der Gedanke, daß vielleicht Traugott Gott darum gebeten hat, mir und den Kindern schreckliche Eindrücke zu ersparen, und daß es eine höhere Hand war, die mich davor zurückhielt, ihn selbst herauszuholen. So blieb alles Grauen, die entsetzlichen Bilder, die andern, die dabei waren, so unvergeßlich sich eingruben, uns fern. Wir standen nur der Majestät des Todes gegenüber, einem heiligen Sterben unter der gewaltigen, geheimnisvollen Hand Gottes. Es war, wie es ein Gemeindeglied damals unter Tränen sagte: „Wir haben das Große erleben dürfen, daß unser Pastor sein Leben für seine Gemeinde gelassen hatte."

Noch sehe ich Frau von T. vor mir, die von der Leiche des eigenen Mannes kommend, an Traugott herantrat, ihn streichelte und nur immer wieder tiefbewegt wiederholte: „Ströme des Segens, Ströme des Segens!"

Erst allmählich hörten wir Näheres von dem letzten Morgen im Gefängnis. Traugott soll früh aufgewesen und ruhelos auf- und abgegangen sein. Ein Kaufmann hatte ihn gefragt: „Wie haben Sie geschlafen, Herr Professor?" Er hatte geantwortet: „Schlecht". Der Kaufmann hatte ihm ein gutes neues Jahr gewünscht und Traugott erwiderte das. Es war gerade Neujahrsmorgen. Dann war bekannt geworden, daß die estnische Armee nahte. Fräulein Martha Groth hatte es Traugott gesagt. „Woher wissen Sie das?" hatte er gefragt. Sie erzählte ihm, daß es einer Bekannten gelungen sei, es ihr durchs Fenster mitzuteilen.

Zur gleichen Zeit wurden sämtliche Fensterläden von den Wachen geschlossen und das Hineintragen der Frühstückskörbe hörte plötzlich auf. Alle waren in erregter, stiller Erwartung. Wie nah konnte die Befreiung nun sein! Daß es ein entscheidender Augenblick war, ist ihnen allen bewußt gewesen. Fräulein von St. hatte Traugott die Hand gedrückt. Ich fragte sie später, wie er ausgesehen habe. Sie sagte: „Sein Gesicht trug den Ausdruck freudiger Erwartung." So hatte er wohl gehofft bis zuletzt. Dann mußten sich alle zum Appell aufstellen. Herein trat ein roh aussehender Kommissar, begleitet von zwei Bewaffneten. Er hielt eine Liste in der Hand, rief den Bischof Platon auf und befahl ihm, seine Überkleider anzulegen und ihm zu folgen. Einige Minuten verstrichen ... Da erdröhnte unten im Keller ein dumpfer Schuß. Der Kommissar erschien wieder. Ein zweiter wurde aufgerufen und fortgeführt. Wieder ein Schuß ...

Eine furchtbare Erkenntnis stieg allen auf – unter ihnen im Keller wurde einer nach dem andern erschossen.

Schweigend kauerten sie nebeneinander und warteten, an wen die Reihe käme. So hörte ein junges Mädchen, wie der Name ihres Vaters aufgerufen wurde. Welche Seelenqualen mögen sich in diese kurzen Minuten zusammgendrängt haben! Jeder Einzelne wußte sich dicht an der Pforte, die vom Leben zum Tode führt.

Traugott war der vierte oder fünfte, dessen Name aufgerufen wurde; die russischen Priester und Pastor Schwarz waren ihm vorangegangen. Herr von V. erzählte mir: „Wir saßen alle da in banger Erwartung, an wen wohl die Reihe käme. Die andern sagten wohl noch ein Wort des Abschieds, wenn sie aufgerufen wurden, oder drückten hier und da die Hand. Als der Name Ihres Mannes ertönte, erhob er sich schweigend. Sein Antlitz trug einen Ausdruck, als sei er schon nicht mehr da, schon entrückt von dieser Erde. Er nahm seinen Mantel und ging mit langen Schritten hinaus."

Auf dem Hof hatte ihn noch die Frau des Küsters von einem Fenster aus gesehen. Die Hände auf der Brust gekreuzt hat er sich suchend umgesehen und dann sich bücken müssen, um die niedrige Treppe zum Keller hinunterzusteigen, wo der Tod auf ihn wartete. Ach, Gott sei Dank, nicht nur der Tod, sondern auch sein Meister, Jesus Christus, dessen Arme offen waren, ihn aus tiefster Not und Seelenqual herauszuheben an sein Herz. Wird er auch ihn den Himmel haben offen sehen lassen, wie einst Stephanus?

Wir wissen nur Eines – Gott hat abgewischt seine Tränen – er ist daheim.

AUSKLANG

In den ersten Januartagen 1919 war eine Wendung eingetreten. Finnische Truppen waren über das Meer zur Hilfe geeilt. Die estnische Armee, in der Esten, Finnen und Deutsche wetteiferten (damals allgemein unter der Bezeichnung „die Weisen" zusammengefaßt) hatte eine Gegenoffensive gegen die Bolschewisten eröffnet. Am Morgen des 14. Januar wurde Dorpat durch eine heldenmütige estnische Abteilung befreit. Die Bolschewisten konnten ihren Plan, sämtliche Gefangenen mit Maschinengewehren niederzuschießen, nicht mehr ausführen. Als ein tapferer junger Fleischergeselle mit dem Beil an die Tür des Gefängnisses schlug und schrie: „Was macht Ihr? Rettet Euch selbst, die Weißen sind da!" ließen sie von ihren Opfern ab und verließen in wilder Flucht die Stadt. Viele Menschenleben waren dadurch gerettet. Gegen 300 Männern und Frauen konnten das Gefängnis lebend verlassen. Für uns aber und viele andere waren die Befreier zu spät gekommen. In Dorpat reihte sich nun Beerdigung an Beerdigung. Ergreifend war es, wie die Brüder von Samson zu Grabe getragen wurden, in ein großes Grab. Ehe Traugotts Sarg, über dem noch der kleine Engel hing, den er selbst zu Weihnachten an der Decke befestigt hatte, aus dem Hause getragen wurde, nahmen die Kinder und ich einen letzten Abschied von der äußeren Hülle unseres so heißgeliebten Mannes und Vaters. Wir beteten still und sangen ihm dann noch einmal sein Lieblingslied:

Kommt und laßt uns Christum ehren,
Herz und Sinne zu ihm kehren,
Singet fröhlich, laßt euch hören
Wertes Volk der Christenheit.

Sünd und Hölle mag sich grämen,
Tod und Teufel mag sich schämen,
Wir, die unser Heil annehmen
Werfen allen Kummer hin.

Sehet, was Gott hat gegeben,
Seinen Sohn zum ewigen Leben.
Dieser kann und will uns heben
Aus dem Leid ins Himmels Freud.

Am liebsten wollte ich hier die Feder aus der Hand legen und nichts mehr schreiben, und doch ist es mir, als dürfte ich nicht schweigen von der wunderbaren Kraft, mit der Gott seine Kinder ausrüstet, wenn er sie durch dunkle Täler führt. „Und unter dir die ewigen Arme", das durften auch wir erfahren, als alles Irdisches für uns zusammenbrach. In das fast betäubende Dunkel des ersten Schmerzes leuchtete vom Kreuz Christi her das „Dennoch" des Glaubens. Hatte an jenem Tage der Kreuzigung nicht auch das Böse scheinbar triumphiert? Und doch war es der größte Sieg, der je erfochten wurde, die größte Liebestat, die Gott an den Menschen getan. So durften auch wir an Gottes Liebesabsichten glauben, die uns freilich noch verborgen waren. Hatte Gott nicht auch meinen Mann innerlich stark gemacht, im Gehorsam gegen Ihn den bitterschweren Todesweg zu gehen, und war dieser innere Sieg nicht größer, als eine leibliche Errettung es gewesen wäre?

Tod, wo ist nun dein Stachel, Hölle, wo ist dein Sieg?

Am Sarge eines früh heimgerufenen Kollegen hatte mein Mann einst gesagt: „Der Glaube ist gewiß, kein Gotteskind stirbt zu früh. Ohne Weigerung habe ich jedem Ruf meines Herrn zu folgen, auch in eine andere Welt . . . Es ist für den Glauben keine Rede von einem jähen Abreißen der Lebensarbeit. Der Christ nennt es Abberufung zu höherem Dienst. Gott ruft uns, wenn wir reif geworden für einen höheren Posten."

Mir aber gab Gott am offenen Grabe den Frieden ins Herz, der über alle Vernunft ist, und ließ mich etwas ahnen von der Seligkeit, der diejenigen nun teilhaftig waren, die als Überwinder vor Gottes Thron standen.

Auch für die Kinder trat das Grauen des Todes und all das Schreckliche, das geschehen war, zurück vor des Vaters großem heiligem Sterben. Und als wir später alles verlassen mußten und ich mit meinen vier Kindern in die Heimatlosigkeit und in eine völlig unsichere Zukunft hinauszog, auch da haben wir es immer wieder erfahren dürfen, daß es etwas gibt, was größer ist als alles Leid und alle Not – Gottes Liebe, die uns nie verläßt.

Meines Mannes Vater schrieb mir damals: „Um Traugott kann ich nicht klagen und trauern. Jesus hat ihn zur Herrlichkeit geführt. Einen Märtyrer als Sohn zu haben, ist etwas so Großes und Heiliges, daß ich bei allem tiefen Vermissen meines Herzenskindes doch nur Gott anbeten kann, der Traugotts ganzes Leben zu einer Vorbereitung für diesen Tod, den Märtyrertod, gemacht hat ... Wollte Gott ihn abrufen und ihn uns nehmen für diese Erde, so konnte er ihm keinen heiligeren, schöneren Tod geben als durch Gehorsam im Dienste der Gemeinde, im Dienste Gottes zu sterben." Und Professor Girgensohn, Traugotts Freund, schrieb mir tief erschüttert: „Es ist unter dem Gesichtspunkt des himmlischen Reiches Gottes vielleicht wirklich sehr wenig wichtig, ob unsere irdische Wirksamkeit etwas länger oder kürzer dauert. Für das ewige Leben ist die Märtyrerkrone das Höchste und Größte, das was am festesten mit Christus vereint. Traugott hat ganz nach dem altchristlichen Grundsatz gehandelt, das Martyrium nicht lohnsüchtig zu suchen, aber ihm nicht auszuweichen, wenn die Berufspflicht in geradliniger Auffassung des Berufes dazu führt."

Und als ein Jahr nach jenem 14. Januar 1919 ein schlichtes eisernes Kreuz von der ganz zusammengeschmolzenen und verarmten Universitätsgemeinde am Grabe ihres für sie in den Tod gegangenen Seelsorgers errichtet wurde, da rief Professor Stromberg ihr zu:

„Wenn wir auch vor einem heiligen Willen Gottes stehen, der uns völlig unverständlich ist, dafür können wir danken, daß er die, die er uns nahm, zu seinen Zeugen gemacht hat ... Liebe Universitätsgemeinde, sieh an diesem Grabe auf die Verantwortung, die du trägst, du Gemeinde eines Blutzeugen Jesu Christi ... Wir werden einst vor unserm Richter bekennen müssen: Wir haben das Ende deiner Blutzeugen erlebt, wir haben kein Recht auf Schonung, wenn uns deine Sache nicht ganz anders ernst geworden ist."

Wie eine Antwort auf diese ernste Mahnung klingt es aus dem Briefe eines Gliedes der Universitätsgemeinde: „Unser Pastor hat sein Leben für uns, seine Gemeinde, gelassen und wir, die wir zu seiner Lebenszeit das Höchste und Beste von ihm empfingen, wir können es ihm nur danken, indem wir ihm nachfolgen, die Saat, die er in unsere

Seelen gestreut, zur Entfaltung und zum Wachstum bringen und leben und sterben als Christen der Tat wie er."

Am Schluß aber dieses Buches sollen die Worte stehen, die zugleich seine Überschrift sein könnten: es sind die letzten Worte, die Traugott Hahn seiner Gemeinde von der Kanzel der Universitätskirche aus zurief:

„Gott ist dennoch vor allem die Liebe, und dann kann uns nichts das Leben nehmen."

In der Reihe APOSTROPH erschienen:

Reinhold Ruthe
VERLIEBT BIS ÜBER BEIDE OHREN
Partnerwahl ohne falsche Illusionen
Pappband, 168 S., Bestell-Nr. 78003
Der bekannte Ehe- und Jugendberater leistet hier die längst fällige Aufklärungsarbeit über die Hintergründe der Partnerwahl, um so für Liebe und Partnerschaft neue Möglichkeiten zu erschließen.

Reinhold Ruthe
MEDIEN – MAGIER – MÄCHTE
Aberglaube und Okkultismus im Zeitalter des Wassermanns
Pappband, 176 S., Bestell-Nr. 78008
Der Autor informiert sachkundig und interessant über Hintergründe und Wurzeln der New-Age-Bewegung. Ein grundlegendes Buch für die aktuelle Diskussion.

Hans Steinacker (Hrsg.)
GOTT, WENN ES DICH GIBT
16 Wende-Punkte von Zeugen des Jahrhunderts
Vorwort von Ulrich Parzany.
Pappband, 160 S., Fotos, Bestell-Nr. 78002
16 Wende-Punkte als Ermutigungen, wie man Gott konkret begegnen kann, heute, im 20. Jahrhundert. Es sind unterschiedliche Erfahrungen im Alltag von Frauen und Männern vieler Konfessionen, Rassen und Nationen.

BRENDOW VERLAG, MOERS